Diktat-Stars: Mit viel Spaß für Diktate trainieren

Liebe Schülerin, lieber Schüler,

mit diesem Diktattraining kannst du dich selbstständig im Schreiben von Diktaten üben und deine Kenntnisse im Rechtschreiben überprüfen:

- im Unterricht, wenn du mit deinen Aufgaben fertig bist.
- zu Hause, wenn du noch mehr trainieren willst.

Auf die Diktate kannst du dich immer ein Kapitel lang vorbereiten, sodass du am Ende eines Kapitels siehst, was schon gut klappt!

Und so wird geübt:

- Bearbeite eine Doppelseite.
- Vergleiche deine Arbeit nach jeder Doppelseite mit dem Lösungsheft und verbessere Fehler. Wenn du fertig bist, mache ein Häkchen in das Kontrollkästchen unten.
- Nach jeder Doppelseite darfst du außerdem einen Stern hinten in das Heft kleben (nur nicht am Schluss bei der Diktatauswahl).
- An jedem Ende eines Kapitels findest du ein Abschluss-Diktat. Dort sind verschiedene Symbole abgebildet. Sie bezeichnen die Möglichkeiten, wie du das Diktat üben kannst. Auf Seite 2 sind die Diktatformen erklärt.
- Auf manchen Seiten stehen Sternchen-Aufgaben, bei denen du dich besonders konzentrieren musst. Hast du sie fertig bearbeitet, darfst du nach dem Schreiben einen zusätzlichen Stern kleben.
- Wenn du alle Seiten bearbeitet und mit den Sternen das Bild geschmückt hast, bist du ein **Diktat-Star**!
- Noch ein Tipp: Im Heft findest du noch viele weitere Texte. Du kannst auch diese Texte als Diktat üben. Die Einstiegstexte in die Kapitel und die Diktate im letzten Kapitel sind dabei besonders schwer und für echte Diktat-Profis gedacht!

Zum Schluss möchte sich noch der Pelikan Pepe vorstellen. Er begleitet dich in diesem Heft und gibt dir viele wichtige Hinweise.

Viel Spaß beim Üben!

> Hallo, gemeinsam bekommen wir die Diktate schon geschaukelt!

Mögliche Diktatformen

Im Heft findest du verschiedene Diktatformen:

 Text abschreiben: Lies den Text sehr langsam und genau. Schiebe dabei ein Blatt Papier Zeile für Zeile nach unten. Male schwierige Stellen an. Schreibe Wort für Wort. Sprich dabei in Silben mit. Vergleiche jedes Wort genau mit dem Wort im Text. Fehler findest du gut, wenn du den Text Wort für Wort von hinten nach vorne liest. Berichtige Fehler sofort.

 **Groß-Klein-Diktat:** Lasse dir den Text in Groß- oder Klein-buchstaben aufschreiben oder schreibe ihn selbst in Groß- oder Kleinbuchstaben. Schreibe von dieser Vorlage richtig mit großen und kleinen Buchstaben ab.

 **Silbendiktat:** Schreibe den Text ab. Sprich dabei in Silben mit. Kennzeichne anschließend alle Silben.
In Silben kannst du Fehler leicht erkennen.

 Würfeldiktat: Würfle mit einem Würfel und schreibe den Satz mit der entsprechenden Nummer in dein Heft. Würfle so lange, bis du alle Sätze aufgeschrieben hast.
Du musst jeden Satz nur ein Mal aufschreiben.

 Diktieren: Lasse dir das Diktat von jemandem vorlesen, erst den gesamten Text, dann die einzelnen Sätze. Lies am Schluss laut, was du selbst geschrieben hast. Vielleicht findest du noch Fehler? Überprüft dann den Text gemeinsam.

 **Partnerdiktat:** Diktiere einem Partner langsam und deutlich den Text. Schaue genau, was dein Partner schreibt. Wenn dein Partner einen Fehler macht, rufe „Stopp!". Findet dein Partner den Fehler? Wenn nicht, erkläre, was falsch war. Diktiere das Wort erneut. Überprüft den Text zusammen und tauscht dann die Rollen.

 **Schleichdiktat:** Lege das Heft an einen Ort. Merke dir immer einen Abschnitt oder ein Wort und schleiche zurück zu deinem Platz. Schreibe und kontrolliere am Schluss mit der Vorlage.

Inhaltsverzeichnis

Mein Berufswunsch

Letzte Woche sah ich im Fernsehen einen Bericht über Klimakatastrophen. Wenn die Natur aus dem Gleichgewicht gerät, kann sie plötzlich zu einer schrecklichen Bedrohung werden. Bei starker Hitze kommt es manchmal zu Waldbränden oder die Ernte vertrocknet. Gewitter können sich zu stürmischen Unwettern entwickeln. Gebirgsbäche schwellen an, Flüsse treten über die Ufer und fluten ganze Landstriche. Nach dem Bericht wusste ich, was ich einmal werden will. Mein Berufswunsch ist, die empfindliche Natur zu schützen, damit sie uns auch in Zukunft erhalten bleibt.

(84 Wörter)

① Lies dir die Tipps zum Abschreiben auf Seite 2 durch. Welche findest du besonders hilfreich? Nenne deine drei wichtigsten Tipps in Stichworten.

1) _____

2) _____

3) _____

② Schreibe den Text fehlerlos ab. Achte auf die Tipps.

③ Schreibe jetzt die Wörter vom Baum in Silben auf.

Wald-brand, _____

_____

_____

_____

die Bedrohun

empfindli

extrem

das Gewitter

das Gleichgewicht

die Katastroph

die Natur

stürmisch

die Umwel

das Unwette

der Waldbrand

die Zukunf

4 Kennst du die Fachbegriffe?
Male die passenden Begriffe in der gleichen Farbe an.

Nomen	Tunwort	z. B. ich, du, ihr
Adjektiv	Namenwort	z. B. b, c, d
Verb	persönliches Fürwort	z. B. malen
Personal-pronomen	Wiewort	a, e, i, o, u
Vokal	Mitlaut	z. B. der Baum
Konsonant	Selbstlaut	z. B. schön

5 Diktattext. Wie willst du heute üben?
Umkreise: [Symbole].
Die Diktatformen sind auf Seite 2 erklärt.

Das Wetter wird immer extremer. Viele Menschen leiden
unter Umweltkatastrophen und deren Folgen. Sie leben
in Ländern mit großer Hitze oder erleben in kurzer Zeit
zu viel Regen. In Europa treten immer wieder Flüsse
über die Ufer und zerstören Häuser und Landschaften.
In anderen Ländern ist es oft sehr lange trocken und die
Gefahr von Waldbränden steigt. Die Feuer sind wegen
der großen Trockenheit nur schwer zu löschen. Es ist die
Aufgabe von allen Menschen die Natur zu schützen. Wir
müssen uns umsichtig verhalten, damit die Natur nicht
weiter aus dem Gleichgewicht gerät. (93 Wörter)

Der Besuch

Der Mann saß hinter dem Steuer seines Wagens und wunderte sich. Hatte seine Tante nicht gesagt, sie würde sich auf keinen Fall verspäten? Sie war nicht mit dem Zug in der kleinen Gemeinde angekommen. Was sollte er nun tun? Zum Glück wohnte er nicht weit vom Bahnhof entfernt.
Er beschloss in einer Stunde wiederzukommen. Vielleicht hatte Tante Luise den nächsten Zug erwischt. Kaffee und Kuchen standen bereit, als Papa ohne den Besuch vom Bahnhof zurückkehrte. Besonders die Kinder waren traurig. Sie hatten sich so auf Tante Luise gefreut.

(90 Wörter)

① Verändere den Text wie unten vorgegeben. Schreibe ihn dann in dein Heft.

Aus dem Mann wird eine Frau. Aus der Tante wird ein Onkel. Er heißt Alois.

Achte auch auf die Veränderungen der Personalpronomen.

Die Frau saß hinter dem Steuer **ihres** Wagens und wunderte sich. Hatte **ihr Onkel** nicht gesagt, **er** ...

② Zu welcher Wortart gehören die Wörter im Baum?

③ Welche Rechtschreibregel kennst du zu dieser Wortart?

die Ankunft

der Anruf

der Bahnh[of]

der Besu[ch]

die Gemeinde

die Pünktlichke[it]

das Steuer

die Verspät[ung]

der Zug

④ Kreise die Satzanfänge im Text auf Seite 6 ein.
Welche Rechtschreibregel kennst du zu Satzanfängen?

_____

 ⑤ Setze an die passende Stelle einen Punkt. Markiere alle Wörter,
die du großschreiben musst und schreibe den Text richtig ab.

mit erheblicher verspätung kam der zug am bahnhof
der gemeinde nussdorf an sofort ging tante luise zur
telefonzelle und rief ihren neffen franz an sie informierte
ihn über die umstände der verspäteten ankunft: ein baum
war auf die gleise gestürzt franz setzte sich sofort hinters
steuer, um seine tante abzuholen marie und steffie waren
überglücklich, dass tante luise doch noch zu besuch
kommen würde am bahnhof angekommen, entdeckte
franz seine tante sofort er umarmte sie stürmisch
und führte sie zum auto   (81 Wörter)

⑥ Diktattext. Wie willst du heute üben?
Umkreise: ✍, A a, 〰, 👄, 🧍🧍, 🎨.
Die Diktatformen sind auf Seite 2 erklärt.

Isabell will zu ihrer Freundin Annika fahren. Am Bahnhof
warten schon viele Leute. Der Zug hat Verspätung.
Das liegt wahrscheinlich am schlechten Wetter, denn
der Wind bläst extrem stark und es regnet dicke Tropfen.
Eine Viertelstunde steht Isabell nun schon am Bahnsteig.
Ihre Freundin wird sich sicher wundern, wo sie so lange
bleibt. Isabell verspätet sich nicht gern. Sie mag es nicht,
wenn andere auf sie warten müssen. Pünktlichkeit ist für
sie sehr wichtig. Leider hat Isabell keine Telefonnummer
von Annikas Eltern, sonst würde sie dort anrufen und
Bescheid geben.   (90 Wörter)

Der Brief an den Nachbarn

Sehr geehrter Herr Buchner,
ich möchte mich bei Ihnen entschuldigen!
Mein Sohn Lars hätte sein Skateboard nicht direkt
vor Ihrer Eingangstür liegen lassen sollen. Er hat
mir sofort berichtet, wie Sie mit der Porzellanvase
in der Hand darüber gestolpert sind. Gott sei Dank
haben Sie sich nur leicht verletzt. Ich hoffe, der
blaue Fleck an Ihrem Bein verheilt bald wieder.
Natürlich möchte ich Ihre Vase ersetzen. Können
Sie mir sagen, wo Sie sie gekauft haben?
Ich wünsche Ihnen gute Besserung und bitte seien
Sie nicht verärgert!
Ihre Edith Kreuzer   (94 Wörter)

die Dummheit

die Firm

das Gerät

1 Markiere im Brief die großgeschriebenen
Höflichkeitsformen bei der Anrede rot.

der Nachbar

2 Auch Lars schreibt einen Brief an Herrn
Buchner. Dabei vergisst er die Höflichkeitsform.
Korrigiere die Sätze und schreibe sie richtig auf.

die
Oberfläche

das
Porzellan

Sehr geehrter Herr Buchner,
hoffentlich sind sie mir nicht böse. Ich wollte nur
kurz mit ihrem süßen Hund vor der Tür spielen.
Dabei habe ich überhaupt nicht mehr auf mein
Skateboard geachtet. Ich wollte sie nicht in
Gefahr bringen! Das war eine große Dummheit!
Kann ich meinen Fehler wiedergutmachen?
Ich würde gerne mit Waldi Gassi gehen, bis es
ihnen wieder besser geht. Oder ich gehe für sie
einkaufen. Ich kann ihnen auch im Garten helfen.
Herzliche Grüße,
ihr Lars   (81 Wörter)

der Roboter

der Schutz

das
Skateboard

der
Staubsauger

die
Verpackung

3 Untersuche die Sätze genau. Wo versteckt sich die Höflichkeitsform? Fülle die Lücken.

ihre | Sie | Sie | ihre | ihren | Ihnen | Ihre | Ihr | sie | sie

„Herr Rotkohl, _____ haben _____ Buch vergessen!"

„Frau Wirsing, _____ Tochter ist noch sehr klein.

Kann _____ das schon?"

„Lola ist eine tolle Sängerin, ich mag _____ Lieder."

„Soll ich _____ über die Straße helfen?"

„Bitte hilf Oma und trage _____ Mantel."

„Schau, _____ putzt _____ Zähne!"

„Können _____ mir den Weg zeigen?"

4 Diktattext. Wie willst du heute üben?
Umkreise:
Die Diktatformen sind auf Seite 2 erklärt.

Herzlichen Glückwunsch zu Ihrem neuen Roboter!
Bitte beachten Sie folgende Anweisungen: Entfernen Sie die Verpackung erst kurz vor Gebrauch. Der Roboter ist sehr empfindlich. Schützen Sie ihn vor Licht, Hitze und Schmutz. Spitze Gegenstände können Verletzungen der Oberfläche verursachen. Denken Sie an Ihre Gesundheit! Da der Roboter gefährliche Strahlen aussendet, tragen Sie bitte immer einen Schutzanzug in seiner Nähe. Achten Sie außerdem auf genügend Abstand zu anderen elektrischen Gegenständen. Der Roboter darf wirklich nur als Staubsauger eingesetzt werden.
Wir wünschen Ihnen viel Freude mit Ihrem neuen Gerät!
Ihre Firma Robot

(90 Wörter)

Der Unfall

An einer Kreuzung passiert ein Unfall. Aus einiger Entfernung beobachtet Paul zufällig das Geschehen. Durch seine Schilderung gibt er ein genaues Zeugnis der Ereignisse ab:
„Der blaue Wagen kam aus der Unterführung und hat dem Radfahrer an der Kreuzung die Vorfahrt genommen. Durch diese Unvorsichtigkeit kam es zu einem Zusammenstoß."
Aufmerksam notiert der Polizist die Beobachtungen von Paul. Endlich kommt der Krankenwagen. Der Radfahrer klagt über Übelkeit. Der Autofahrer ärgert sich über seine Unaufmerksamkeit. Paul muss noch seine Adresse angeben, dann bekommt er die Erlaubnis zu gehen.

(89 Wörter)

① Suche im Text alle Nomen (Namenwörter) mit der Endung -ung, -nis, -heit und -keit und unterstreiche sie farbig.

② Setze die Wörter aus dem Wörterbaum in die Mehrzahl.

Achtung: In der Mehrzahl wird -nis zu -nisse!

_____

_____

_____

_____

_____

_____

die Aufmerksam…

die Entfernu…

das Ereign…

die Erlaub…

die Gemeinhe…

die Kreuzu…

die Schilderu…

die Schönhe…

die Unterführu…

das Zeugnis

3 Von welchen Wörtern stammen diese Nomen ab?
Ordne in die Tabelle.

Dunkelheit, Kreuzung, Faulheit, Höflichkeit, Übung,
Ordnung, Gemeinheit, Übelkeit, Traurigkeit, Heizung,
Impfung, Belohnung

Adjektiv	Verb
dunkel,	

4 Diktattext. Wie willst du heute üben?
Umkreise: ✏️, Aa, 〰️, 👄, 🚶, 🧑.
Die Diktatformen sind auf Seite 2 erklärt.

Unsere Lehrerin ist krank. Sie liegt mit Übelkeit
im Bett. Zum Glück hat sie keine schlimme
Krankheit. Wir haben eine nette Vertretung,
die sich viel Mühe gibt, im Unterricht alles
genauso zu machen, wie wir es gewohnt sind.
In Mathe erklärt sie alle Übungen ganz genau und hat
Verständnis, wenn wir die Aufgabenstellung nicht auf
Anhieb verstehen. Zur Sicherheit hängt sie uns ein
Blatt mit den richtigen Lösungen an die Tafel. Damit
vergleichen wir unsere Ergebnisse.
In Wahrheit sehe ich keine Notwendigkeit darin, meine
Ergebnisse zu überprüfen, denn ich bin ein guter
Rechner. Aber sicher ist sicher! (97 Wörter)

Die sonderbaren Wolpertinger

Weißt du, was ein Wolpertinger ist? Der Wolpertinger ist ein bayerisches Fabelwesen. Wolpertinger sehen ganz unterschiedlich aus: Die Körperteile verschiedener Tiere sind scheinbar wahllos neu zusammengesetzt. So kann zum Beispiel ein Hase Hörner und Flügel bekommen. Ein typischer Wolpertinger wirkt also oft unheimlich und gruselig. Wolpertinger leben angeblich im Wald und sind sehr, sehr scheu. Deswegen hat sie auch noch niemand gesehen. Ahnungslose Wanderer müssen sich also nicht fürchten. Es gibt keine Berichte über launische oder teuflische Wolpertinger, die Menschen angreifen. Viele wären im Gegenteil wunschlos glücklich, wenn sie so ein Mischwesen einmal treffen würden.

(98 Wörter)

ahnungslos

fantastisc

reglos

sonderbar

1 Unterstreiche im Text alle Adjektive (Wiewörter) mit -isch, -bar und -los am Ende.

teuflisch

tierisch

typisch

2 Schreibe den Text als Schleichdiktat. Wie du ein Schleichdiktat schreibst, ist auf Seite 2 erklärt.

wahllos

3 Schreibe alle Wörter vom Wörterbaum mit mehr als zwei Silben in Silben getrennt auf.

wunderbar

wunschlos

_____

_____

_____

_____

_____

4 Verwandle die angegebenen Wörter in Adjektive
mit -bar, -isch und -los.

Sorge _____   Mut _____

essen _____   Fantasie _____

Ahnung _____   Sturm _____

lösen _____   Tier _____

Regung _____   Wunder _____

Typ _____   Lust _____

Logik _____   Laune _____

5 Diktattext. Wie willst du heute üben?
Umkreise: .
Die Diktatformen sind auf Seite 2 erklärt.

Ingrid liebt die Rock-Mäuse. Aufgeregt erzählt sie ihrer
Mutter: „Die Band gibt ein Konzert in unserer Stadthalle.
Ich finde ihre Musik unheimlich toll. Die Sängerin sieht
fantastisch aus und singt alle Lieder tierisch gut.
Du solltest mal hören, wie hoch sie singen kann.
Meistens kommt sie übrigens barfuß auf die Bühne.
Das ist typisch für sie. Der Gitarrist der Band ist ein
bisschen sonderbar. Er steht oft stundenlang nahezu
reglos auf der Bühne und starrt geradeaus. Aber sein
Instrument spielt er teuflisch gut. Ich wäre wunschlos
glücklich, wenn ich nur einmal ein Konzert von den
Rock-Mäusen miterleben könnte. Das wäre einfach
wunderbar!"

(102 Wörter)

Im Zirkus

Vorgestern war ich mit meiner Tante Luise im Zirkus. Es war ein besonderes Geburtstagsgeschenk, das sie mir machte. Wir durften fast bis zum Haupteingang vorfahren und wurden dort von einem vornehm gekleideten Mann empfangen. Er führte uns in die erste Reihe und verbeugte sich sogar leicht, als er sich von uns verabschiedete. Die Clowns fand ich besonders lustig, auch wenn ich sie vor lauter Lachen kaum verstand. Bereits am Vortag hatte mir meine Tante erzählt, dass sie sich auf die Akrobaten freut. Ihre Vorfreude hat sich gelohnt, denn die Männer und Frauen konnten sich so stark verbiegen und verdrehen, dass man nur staunen konnte.

(106 Wörter)

verabschied

verbeugen

verbieger

verdrehe

versteher

die Vorfreu

vorgestern

der Vormitt

die Vorstellur

1 Unterstreiche im Text alle Wörter mit der Vorsilbe Ver-/ver- grün und mit Vor-/vor- rot.

2 V/v oder F/f? Setze richtig ein.

Im Stall wartet das __erkel auf sein Futter. Bauer Sepp bringt es jeden __ormittag pünktlich __orbei. Bevor er das Wohnhaus betritt, __ersucht er immer den Schmutz von seinen __ersen abzukratzen. Oft ruft seine Frau schon von Weitem: Das Essen ist __ertig! Dann gibt es zum Beispiel __orelle mit frischem Gemüse aus dem __orgarten. In den __erien reisen viele Familien aus nah und __ern an. Sie __erbringen gerne ihre Freizeit mit den Tieren.

(72 Wörter)

3 Ver-/ver- oder Vor-/vor-?
Finde zu den Wörtern eine passende Vorsilbe
und schreibe sie auf.

_____

_____

_____

_____

_____

sicht
gessen
brauch späten
fahrt beugen
lieben stellen
kauf
mittag
losung

4 Wie viele Wörter aus Aufgabe 3 hast du großgeschrieben?

Ich habe _____ Wörter großgeschrieben.

Denk daran: Nomen
schreibst du groß!

5 Diktattext. Wie willst du heute üben?
Umkreise: ▱, 𝒜𝒶, ⌣, ⬭, 🙎, 🧍.
Die Diktatformen sind auf Seite 2 erklärt.

Schon den ganzen Vormittag über bin ich aufgeregt, weil
wir heute in den Zirkus gehen. Vor lauter Vorfreude sind
wir schon lange vor Beginn der Vorstellung da. Trotzdem
hat sich schon eine lange Schlange vor dem Eingang
gebildet. Wir wollen uns gerade hinten anstellen, als
ein vornehm gekleideter Mann auf uns zukommt.
Er verbeugt sich leicht vor mir und führt uns in das
Zirkuszelt zu unseren Plätzen in der ersten Reihe.
Erst bin ich etwas verwirrt, aber Tante Luise lacht
und verrät mir den Grund dafür. Diese besondere
Überraschung hat sie mit ihm verabredet.   (94 Wörter)

Backrezept für Schoko-Apfelkuchen
Zuerst alle Zutaten genau abwiegen.
Mehl und Butter gut durchkneten, dann
in einer Schüssel mit dem Zucker und
dem Eigelb verrühren. Im Anschluss nach und
nach Eischnee unterheben. Nun zerlassene
Schokolade vorsichtig der Teigmasse zufügen. Mit
dem Schneebesen sorgfältig umrühren und darauf
achten, dass keine Klümpchen entstehen. Den
fertigen Teig kurz zudecken und ruhen lassen.

Äpfel abwaschen, schälen, entkernen und wurmige
Stellen wegschneiden. Den Teig gleichmäßig in
der Backform verteilen und mit den Obststücken
belegen. In den vorgeheizten Backofen schieben
und bei mittlerer Hitze backen. Den fertigen Kuchen
aus dem Ofen nehmen, abkühlen lassen und mit
Puderzucker bestreuen. (101 Wörter)

abwiegen

belegen

bestreue

besuchen

durchkneten

übersehen

umrühren

verteilen

vorheizen

wider-
sprechen

① Im Text stehen zahlreiche Verben (Tunwörter)
mit Vorsilben und Wortbausteinen.
Unterstreiche sie grün.

② Schreibe den zweiten Absatz als Silbendiktat. Wie
du ein Silbendiktat schreibst, ist auf Seite 2 erklärt.

③ Manche Verben können verschiedene Vorsilben
oder Wortbausteine haben. Finde möglichst viele
Möglichkeiten für die Verben „sprechen" und „fallen"
und schreibe sie in dein Heft.

ent- nach- un- miss- über- ab- auf- zu-

unter- aus- zer- um- durch- fest- hin- wider-

4 Ergänze die fehlenden Vorsilben und Wortbausteine.

ge-, über-, er-, be-, fest-, ver-, ein-, be-, zer-, voll-, ein-

Gestern ____suchte ich meinen Opa. Er liegt im Krankenhaus, weil er sich tief ins Bein ____schnitten hat. Als
ich das Krankenzimmer ____trat, ____band gerade eine
Krankenschwester seine Wunde. Es war kaum zu
____sehen, dass Opa Schmerzen hatte. Er sollte sogar
ein Schmerzmittel ____nehmen. Opa musste die Tablette
in zwei Stücke ____teilen. Ich konnte schnell ____stellen,
dass das Medikament gut wirkte. Opa sah ____leichtert
aus und konnte bald nach Einnahme des Schmerzmittels
gut ____schlafen. Der Arzt meinte, Opa wird bald wieder
____kommen wohlauf sein.

(83 Wörter)

5 Diktattext. Wie willst du heute üben?
Umkreise: ____, ____, ____, ____, ____, ____.
Die Diktatformen sind auf Seite 2 erklärt.

Tilo ist aufgeregt. Er ist nach der Schule gleich losgesaust,
um schnell nach Hause zu kommen. Mit seiner Mutter
hat er ausgemacht, gemeinsam einen Kuchen für Opa zu
backen. Den wollen sie ihm mitbringen, wenn sie ihn im
Krankenhaus besuchen. Jetzt aber verspätet sich Mama.
Tilo überlegt eine Weile und beschließt dann ohne Mama
anzufangen. Sorgfältig liest er das Rezept, um nichts zu
übersehen. Er muss alle Zutaten genau abwiegen. Endlich
kommt Mama. Gemeinsam kneten sie den Teig durch
und belegen ihn mit Äpfeln. Wenig später ist der Kuchen
fertig. Endlich können sie losfahren!

(94 Wörter)

Dumm gelaufen

Mein Vater hat mir schon tausendmal erklärt,
wie wichtig Pünktlichkeit ist.
Gestern bin ich zu spät gekommen. In der U-Bahn
saß neben mir ein Mann, der blind war. Als er
aussteigen musste, half ich ihm den Weg zur
Tür zu finden. Bei dem Gedränge schob mich ein
Jugendlicher aus dem Wagon. Die Tür schloss
genau in dem Moment, als ich wieder einsteigen
wollte. Ich klopfte noch wild gegen das Fenster und
rüttelte kräftig am Griff, aber es half nichts. Der Zug
fuhr weg. Auf die nächste Bahn musste ich lange
warten und mir war schnell klar, dass es Ärger mit
meinem Vater geben würde.   (106 Wörter)

blind

bunt

hart

jugendlich

jung

das Land

lang

tausend

traurig

der Weg

1 Schreibe den Text ab. Tipps zum Abschreiben
findest du auf Seite 2.

Es gibt mehrere Möglichkeiten Wörter
zu verlängern. Verben setzt du in die
Grundform und Adjektive steigerst du.

2 b/p, d/t oder g/k? Verlängere die Wörter.

wil___   _wilder_   → _also: wild_

klu___   _____   → _____

bun___   _____   → _____

har___   _____   → _____

pie___st   _____   → _____

zei___t   _____   → _____

to___t   _____   → _____

wild

3 Kreuze an: Wie verlängerst du? Schreibe das Wort auf.

	Mehr-zahl	Steige-rung	Grund-form	Ich übe das Wort
run___	☐	✗	☐	rund
Urlau___	☐	☐	☐	
tauri___	☐	☐	☐	
jun___	☐	☐	☐	
wie___t	☐	☐	☐	
Zwei___	☐	☐	☐	
lü___t	☐	☐	☐	
Lan___	☐	☐	☐	

4 Diktattext. Wie willst du heute üben?
Umkreise: .
Die Diktatformen sind auf Seite 2 erklärt.

Im August ziehen wir um in eine fremde Stadt. Ich bin traurig, weil ich meine Freunde verlassen muss. Es wird ein langer Abschied und wir versprechen tausendmal uns zu schreiben. Die Fahrt mit dem Lastwagen führt quer durchs Land und es dauert Stunden, bis wir endlich da sind. Zuerst schaue ich mich im Garten um. Überall wachsen wilde und bunte Pflanzen. Hoffentlich bleibt das so! Beim Nachbarn höre ich Musik. Neugierig blicke ich über den Zaun. Ein Junge winkt und zeigt mir den Weg durch die Sträucher zu seinem Haus. Neue Freunde zu finden scheint nicht schwierig zu sein.

(99 Wörter)

Halloween

Im Hort sollte eine tolle Fete stattfinden. Alle kamen verkleidet. Vorher überlegte ich still: Verkleide ich mich als Hexe oder als Geist? Wer die Wahl hat, hat die Qual! Zuerst warf ich mir das weiße Betttuch über. Aber darin fühlte ich mich nicht wohl. So entschied ich mich für das Hexenkostüm. Schnell zog ich eine schwarze Wollstrumpfhose an. Dann probierte ich den Umhang. Du meine Güte! Den füllte ich ja gar nicht aus! Ich stopfte ein Kissen unter meinen Pulli. Jetzt passte der Umhang besser. Dann schmierte ich noch Fett in meine Haare und frisierte sie mit einem Stielkamm so, dass sie richtig toll abstanden.

(106 Wörter)

Fete – Fett

fühlen – füllen

kam – Kamm

Stiel – still

verbieten – verbitten

Wahl – Wal

 ① Unterstreiche im Text alle Wörter aus dem Wörterbaum. Schreibe den Text ab.

 ② Markiere im Wörterbaum in jedem Wort den betonten Vokal (Selbstlaut) und setze das richtige Zeichen darunter: langer Vokal (▬) oder kurzer Vokal (●)?

③ Trage die Wörter aus dem Wörterbaum richtig ein.

langer Vokal: _____

_____

_____

kurzer Vokal: _____

_____

_____

Regel 1: Wird der betonte Vokal in einem Wort kurz gesprochen, so wird der folgende Konsonant verdoppelt.

20

④ Fülle die Lücken. Die Wörter aus dem Wörterbaum helfen dir.

Im Wald soll man _____ sein.

Die Schaufel hat einen langen _____.

Gestern _____ er aus dem Urlaub zurück.

Für meine Haare brauche ich einen _____.

Der _____ schützt uns vor Hochwasser.

Nach der _____ gratulieren wir dem Sieger.

„Ich _____ mir diesen Ton!", rief der Lehrer.

Der Arzt _____ mir, krank in die Schule zu gehen.

⑤ Wortspiele. Setze in den markierten Wörtern unter den betonten Vokalen das richtige Zeichen (━━ oder ∘). Schreibe dann den Text ab.

Auf dem Schrottplatz knallt eine Schrotflinte.
Das blasse Kind hat am Fuß eine große Blase.
Ich lege das nasse Taschentuch auf meine blutende Nase.
Die schönen Hüte liegen auf dem Regal in der Hütte.
Ganze Scharen von Vögeln scharren auf dem Feld.
Ich muss das Mus aufessen.
Rentiere sind auch Renntiere.
Im Schlaf sind unsere Glieder ganz schlaff.
Die Hasen hassen Schokolade.
Ich schaffe die Schafe auf die Seite.
Die dünne Frau geht in der Düne spazieren.
Wenn die kleinen Vögel flügge werden, machen sie ihre ersten Flüge.

(88 Wörter)

6 Markiere in jedem Wort den betonten Vokal (Selbstlaut) gelb. Setze dann das richtige Zeichen (▬ / ●) darunter.

Flinke Kinder lernen hurtig.

Kranke Kinder trinken Saft.

Witzige Kinder lachen gerne.

Schlanke Kinder turnen oft.

Freche Kinder folgen selten.

Manche Kinder petzen nicht.

Lustige Kinder tanzen wild.

Zankende Kinder nerven mich.

(32 Wörter)

Regel 2: Folgen nach einem betonten kurzen Vokal mehrere verschiedene Konsonanten, wird **nicht** verdoppelt.

die Bank

flink

krank

lachen

lustig

manche

petzen

turnen

7 Setze unter die markierten Wörter das richtige Zeichen (▬ oder ●) und schreibe diese Wörter auf.

Regel 3: Wird der betonte Vokal in einem Wort lang gesprochen, so wird der folgende Konsonant **nicht** verdoppelt.

Die Schafe leben auf dem Hof.

Die Buben kleben das Paket zu.

Das Rad ist grün.

Der Weg ist eben.

Der Plan ist gut.

(24 Wörter)

8 Schreibe die Wörter zu den Bildern in der Einzahl und Mehrzahl mit Artikel (Begleiter). Setze das richtige Zeichen (━ oder ●) unter die Wörter.

Einzahl	Mehrzahl

9 Diktattext. Wie willst du heute üben?
Umkreise: , .
Die Diktatformen sind auf Seite 2 erklärt.

Auf die Fete kamen viele Kinder. Alle waren als Hexen, Geister und Zauberer verkleidet. Ich trug mein Hexenkostüm: eine schwarze Hose, einen Umhang aus Wolle, einen Hut aus Filz, einen Zauberstab und einen Hexenbesen.
Mit Haarfett hatte ich mir eine wilde Frisur gemacht.
Es war ein schönes Fest und alle fühlten sich wohl.
Jeder konnte wählen, was er gerne tun wollte:
tanzen, spielen, raten, essen, trinken. Die Stimmung war wirklich toll. Hoffentlich gibt es nächstes Jahr wieder so eine klasse Fete.

(81 Wörter)

Der Maßstab

Die Kinder lernen den Maßstab kennen.
Auf einer Landkarte sind Berge, Wege und Flüsse
natürlich kleiner als in der Wirklichkeit gezeichnet.
Der Maßstab bezeichnet das Verhältnis zwischen
der abgebildeten Größe und der tatsächlichen
Größe der Dinge. Heute rechnen die Kinder aus,
wie lang die Donau ist.
„Die Donau ist ein Fluss, der von Westen
nach Osten fließt. Sie ist der zweitgrößte und
zweitlängste Strom in Europa", erklärt der Lehrer.
Die Kinder messen zuerst mit einem Lineal die
Länge der Donau auf der Karte. Dann müssen sie
die gemessene Strecke mithilfe der Maßstabszahl
umrechnen. Schließlich haben die fleißigen Schüler
das Ergebnis: Die Donau ist 2.857 Kilometer lang!

(108 Wörter)

fließen

der Fluss –
die Flüsse

die Flüssigkeit

das
Maß

messen

1 Schreibe den Text ab. Tipps zum Abschreiben
findest du auf Seite 2.

Nach langem Vokal,
Umlaut oder
Doppellaut schreibt
man meist ß.

2 Schreibe das falsch geschriebene Wort in der Reihe
richtig auf die Zeile.

Kuss	Fluss	Kissen	Grösse	_____
Bass	Kasse	Gruss	Bissen	_____
Spass	messen	lassen	Wasser	_____
Nuss	fliessen	nass	Riss	_____

3 Höre genau hin.
Was verändert sich?
Schreibe richtig auf.

In manchen Wortstämmen wechselt die Länge des Lauts vor s; deshalb wechselt die Schreibung ß mit ss.

Vater muss heute noch den Garten gießen. Vor einigen

Tagen hat er den Garten auch schon _____.

Am Abend wird Mutter die Haustüre abschließen.

Gestern hat sie die Türe auch _____.

In den Ferien genießen wir die Sonne. Auch in den letzten

Ferien haben wir die Sonne _____.

Die Donau wird immer von Westen nach Osten fließen.

Sie ist schon immer von Westen nach Osten _____.

4 Pepe hat seine Hausaufgaben gemacht. Dabei hat
er manchmal ss und ß durcheinander gebracht.
Kontrolliere und berichtige, wo nötig (5).

Max und Frieder bastelten für ihre elektrische Eisenbahn
aus einer weißen Masse Berge, Täler und Flüsse.
Dabei mußten sie sich ganz genau an die vorgegebenen
Maße halten. Danach malten sie die Landschaft an,
befestigten die Gleise und stellten noch kleine Häuschen,
Autos und Buse auf.
Für den Fluß, der durch das Tal floß, schnitzten sie ein
kleines Floß. Plötzlich schoss die Katze Susi ins Zimmer,
sprang auf Frieders Schoß und warf dabei den Farbtopf
um. Max weinte: „Dafür musst du aber Busse tun!"

(83 Wörter)

kontrolliert: ☐ **25**

1 Male alle Wörter mit ß in dem Unsinnsgedicht rot an.
Markiere den Laut vor ß mit dem richtigen Zeichen
(▭ oder ●). Schreibe dann diese Wörter auf.

Wenn ich schwitze, fließt der Schweiß.
Wenn es schneit, ist es draußen weiß.
Das Gegenteil von Faulheit ist der Fleiß.

Vom Urlaub schicke ich einen Gruß.
Der Kaminkehrer ist voller Ruß.
Den Schuh trage ich an meinem Fuß.

Den Fluss überquere ich mit dem Floß.
Hoffentlich ist er nicht allzu groß.
Ich denke mir: „Wie mache ich es bloß?"

Ich nehme richtig Maß.
Dann habe ich wieder Spaß.
Jede Sünde muss man büßen.
Und nun lasse ich euch grüßen.   (79 Wörter)

_____

Ich schreibe ß: nach
langem Vokal, nach
Umlaut und nach ei,
au, äu, eu.

_____

_____

_____

_____

_____

bloß

der Fleiß

das Floß

der Fuß

groß

der Gruß

heiß

der Ruß

der Schweiß

weiß

2 Finde das Gegenteil.

schwarz _____   innen _____   faul _____

klein _____   sauer _____   kalt _____

3 Schreibe die Sätze als Würfeldiktat.
Das Würfeldiktat ist auf Seite 2 erklärt.

> Fleißig grüße ich alle Leute und heiße sie willkommen.
>
> Ich nasche gerne Süßigkeiten, aber ich mag auch Weißwürste.
>
> Ich genieße das großartige Fußballspiel.
>
> Das Maß ist voll, aber es gibt auch das Wort „maßvoll".
>
> Der Schnee ist weiß, die Sonne ist heiß.
>
> Draußen im Garten pflücke ich dir einen Blumenstrauß.

4 Trenne die Wörter mit Strichen.

fleiß|ig grüßen Bußgeld

heißen spaßig draußen Maßband

5 Diktattext. Wie willst du heute üben?
Umkreise: 📝, Aa, ∿, 👄, 👥, 🪶.
Die Diktatformen sind auf Seite 2 erklärt.

 Wir zeichnen fleißig Häuser und messen die Längen mit einem Maßband. Ich schaue, wie groß Marens Haus ist. Dabei stoße ich an ein Wasserglas. Das Wasser ergießt sich über Marens Fuß.

„Das ist nicht spaßig!", ruft Maren laut. „Das Wasser ist in meinen Schuh geflossen. Das sollst du mir büßen!"

Sie reißt an meinen Haaren. Ich brülle laut. Es ist bestimmt bis draußen auf die Straße zu hören.

„Ich habe das Wasser nicht absichtlich in den Schuh gegossen", weine ich.

„Ihr sollt messen und nicht streiten", schreit der Lehrer. Sein Gesicht wird rot.

„Ist dir heiß?", will ich wissen.

(99 Wörter)

Das Duell

Das Spitzenspiel zwischen Klasse 4a und
4b war eine packende Partie. Ein Stürmer der 4b
kickte aus spitzem Winkel auf das Tor. Der Torwart
erblickte den Ball zu spät, konnte aber die Kugel
noch von der Linie kratzen. Die 4a nutzte ihre erste
Tormöglichkeit und versenkte den Ball im Netz.
Nun beschränkte sie sich auf die Abwehrarbeit.
Kurz vor Schluss verletzte sich ein Spieler der 4a.
Der Schiedsrichter entschied auf Freistoß. Sofort
entdeckte der Schütze eine Lücke, aber sein Schuss
wurde abgeblockt. Blitzschnell wurde der fällige
Eckstoß ausgeführt. Ein Stürmer der 4a setzte
sich ab, sprang hoch und drückte den Ball mit
dem Kopf ins Tor. (108 Wörter)

besetzt

blicken

blitzen

der Block

dick

dreckig

drücken

die Ecke

entdecken

flitzen

kratzen

nützen

verletzen

① Markiere im Wörterbaum in allen Wörtern
den Vokal (Selbstlaut) oder Umlaut vor tz
und ck mit dem richtigen Zeichen: ▬ oder ○.
Was fällt dir auf?

Den Vokal oder Umlaut spreche ich _____.

② Suche im Text alle Wörter mit tz und ck und schreibe
sie auf.

tz: _____

_____

_____

ck: _____

_____

_____

3 Setze richtig ein: k oder ck, z oder tz.

das Pa___et   die Blö___e   der Da___el

der Spu___   die Spu___e   der We___er

die Ban___   das Wer___   die Wol___e

der Kran___   die War___e   pflan___en

die Ka___e   die Ker___e   jauch___en

fli___en   spri___en   das Kreu___

> Nach l, n, r, das merk' dir ja, steht nie tz und nie ck! Auch nach ch und Doppellaut steht nie tz und ck.

4 Trenne und schreibe die Wörter in Silben auf.

> sitzen, verletzen, nützen, blicken, drücken, die Hecke

_____

_____

5 Diktattext. Wie willst du heute üben?
Umkreise: ✏️, 🅰️, 〰️, 👄, 👥, 🪶 .
Die Diktatformen sind auf Seite 2 erklärt.

Das Spitzenspiel wurde auf einem dreckigen Platz ausgetragen. Aber wen kratzte das? Es war von Beginn an eine packende Partie. Der Ball wurde oft abgeblockt und flog nur ins Außennetz. Ein Spieler entdeckte eine Lücke und flitzte blitzschnell zum Tor. Aber es nützte nichts, denn er stürzte. War er verletzt? Nein. Sofort sprang er wieder auf und haute mit einem Hackentrick den Ball in die Maschen. Tor! Da hatte die Deckung geschlafen! Doch nach dem Anstoß rückte nun die Angriffsspitze der anderen Mannschaft vor, sie konnte sich aber nicht durchsetzen. So endete das Spiel eins zu null (1:0).

(97 Wörter)

Oktoberfest

Am Dienstag fuhren Sofie und Dieter mit ihren Eltern zum Oktoberfest nach München. Hier gab es viele Fahrgeschäfte und Stände. Überall konnte man den Duft der gebrannten Mandeln riechen. „Hereinspaziert, jede Familie zahlt nur sieben Euro", rief der Mann vom Riesenrad. Schließlich stiegen sie ein und fuhren los. „Da geht es aber tief hinunter!", meinte Dieter. Sofie begann zu frieren und schimpfte: „Ich fahre niemals wieder mit dem Riesenrad." Danach durften sie Lose ziehen, erwischten aber nur Nieten. „Ich möchte Dosen werfen!", rief Dieter. Am Wurfstand bekam er vier Bälle, zielte und traf alles. Da sagte er: „Das war gar nicht schwierig."

(103 Wörter)

frieren

geschieht

der Krieg

niemals

niemand

riechen

schieben

schimpfen

die Schwierigke

der Spiegel

verlieren

zielen

1 Schreibe den Text ab. Tipps zum Abschreiben findest du auf Seite 2.

2 Setze folgende Verben in die 1. Vergangenheit.

fallen – ich _____   schreiben – er _____

laufen – er _____   schlafen – ich _____

rufen – wir _____   blasen – sie _____

3 Suche zu den Nomen (Namenwörtern) die passenden Verben (Tunwörter).

das Ziel: _____   der Schub: _____

der Spiegel: _____   der Verlust: _____

der Sieg: _____   der Geruch: _____

4 i oder ie? Setze richtig ein und ordne die Wörter.

die T___nte   der B___ss   es gesch___ht

die M___tte   z___hen    fl___nk   bekr___gen

die Sp___nne   n___mand   verl___ren

i: _____

_____

ie: _____

_____

Ein lang gespro-
chenes i wird oft
als ie geschrieben.

5 Diktattext. Wie willst du heute üben?
Umkreise: ✏, 𝐴𝑎, ∿, 👄, 👫, 🎭 .
Die Diktatformen sind auf Seite 2 erklärt.

Auf dem Oktoberfest ist es immer interessant und lustig.
Es gibt viele Stände, Fahrgeschäfte und Bierzelte.
Besonders die wilden Fahrgeschäfte sind bei den
Kindern beliebt. Hier bilden sich oft lange Schlangen vor
den Kassen. Auch die Fahrt mit dem Riesenrad ist heiß
begehrt. Überall riecht es nach gebrannten Mandeln
und Zuckerwatte. Jeder findet für sich schöne Dinge.
Die Leute schieben sich durch die vollen Gassen und
manche schimpfen: „Niemand hat Platz. Hier kann man
ja die Kinder verlieren." Aber zum Schluss gibt es im
Bierzelt eine Stärkung und alle sind wieder zufrieden.

(92 Wörter)

Der Fahrradführerschein

Dieses Jahr macht die Klasse 4a im Januar den Fahrradführerschein. Leider haben die Kinder keine Wahl. Trotz der kalten Jahreszeit müssen sie mit den Rädern draußen üben. Häufig bereiten ihnen die Kälte, die Nässe und die Eisglätte Probleme. Es ist auch nicht ungefährlich, die Räder auf feuchten oder auf Schnee bedeckten Fahrbahnen zu steuern. „Es wäre viel besser, wenn wir im Sommer an der Reihe wären und uns nicht im Winter quälen müssten", meckern einige Kinder. Aber der Lehrer lächelt und scherzt: „Dadurch werdet ihr abgehärtet. Außerdem sind wir mit den Übungseinheiten bald fertig und dann bekommt ihr auch noch eure Fahrradpässe." (104 Wörter)

besser

feucht

die Glätte

häufig

die Kälte

die Nässe

die Pässe

quälen

steuern

wählen

1 Schreibe den Text ab. Tipps zum Abschreiben findest du auf Seite 2.

2 Suche zu den folgenden Nomen (Namenwörtern) verwandte Adjektive (Wiewörter). Markiere den Wortstamm.

die Kälte _____   die Nässe _____

die Glätte _____   die Gefahr _____

die Schärfe _____   die Stärke _____

3 Setze die Verben (Tunwörter) in die Grundform.

er rät _____   er läuft _____

es wächst _____   er lässt _____

du wäscht _____   es bläst _____

Lösungen Diktat-Stars 4

(zum Heraustrennen die mittlere Klammer lösen)

Mein Berufswunsch
Letzte Woche sah ich im Fernsehen einen Bericht über Klimakatastrophen. Wenn die Natur aus dem Gleichgewicht gerät, kann sie plötzlich zu einer schrecklichen Bedrohung werden. Bei starker Hitze kommt es manchmal zu Waldbränden oder die Ernte vertrocknet. Gewitter können sich zu stürmischen Unwettern entwickeln. Gebirgsbäche schwellen an, Flüsse treten über die Ufer und fluten ganze Landstriche. Nach dem Bericht wusste ich, was ich einmal werden will. Mein Berufswunsch ist, die empfindliche Natur zu schützen, damit sie uns auch in Zukunft erhalten bleibt. (84 Wörter)

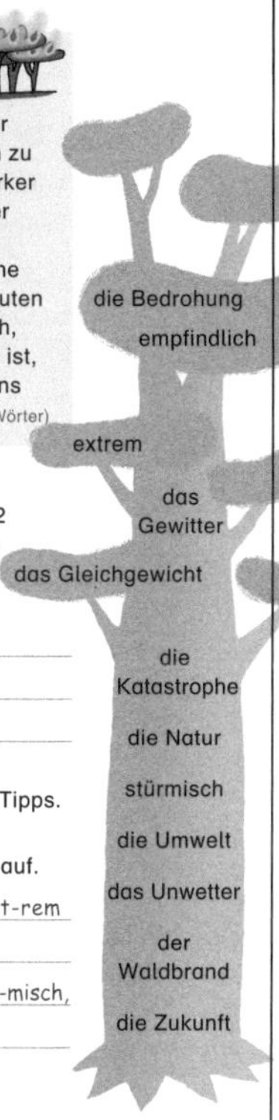

① Lies dir die Tipps zum Abschreiben auf Seite 2 durch. Welche findest du besonders hilfreich? Nenne deine drei wichtigsten Tipps in Stichworten.

1) _____ Zeige deine Tipps einem _____

2) _____ Erwachsenen. _____

3) _____

② Schreibe den Text fehlerlos ab. Achte auf die Tipps.

③ Schreibe jetzt die Wörter vom Baum in Silben auf.

Wald-brand, Be-dro-hung, emp-find-lich, ext-rem (ex-trem), Ge-wit-ter, Gleich-ge-wicht, Ka-tas-tro-phe (Ka-tast-ro-phe), Na-tur, stür-misch, Um-welt, Un-wet-ter, Zu-kunft

Baum: die Bedrohung · empfindlich · extrem · das Gewitter · das Gleichgewicht · die Katastrophe · die Natur · stürmisch · die Umwelt · das Unwetter · der Waldbrand · die Zukunft

4

---

④ Kennst du die Fachbegriffe? Male die passenden Begriffe in der gleichen Farbe an.

Nomen · Tunwort · z. B. ich, du, ihr
Adjektiv · Namenwort · z. B. b, c, d
Verb · persönliches Fürwort · z. B. malen
Personalpronomen · Wiewort · a, e, i, o, u
Vokal · Mitlaut · z. B. der Baum
Konsonant · Selbstlaut · z. B. schön

⑤ Diktattext. Wie willst du heute üben? Umkreise:
Die Diktatformen sind auf Seite 2 erklärt.

Das Wetter wird immer extremer. Viele Menschen leiden unter Umweltkatastrophen und deren Folgen. Sie leben in Ländern mit großer Hitze oder erleben in kurzer Zeit zu viel Regen. In Europa treten immer wieder Flüsse über die Ufer und zerstören Häuser und Landschaften. In anderen Ländern ist es oft sehr lange trocken und die Gefahr von Waldbränden steigt. Die Feuer sind wegen der großen Trockenheit nur schwer zu löschen. Es ist die Aufgabe von allen Menschen die Natur zu schützen. Wir müssen uns umsichtig verhalten, damit die Natur nicht weiter aus dem Gleichgewicht gerät. (93 Wörter)

Der Besuch
Die Frau saß hinter dem Steuer ihres Wagens und wunderte sich. Hatte ihr Onkel nicht gesagt, er würde auf keinen Fall verspäten? Er war nicht mit dem Zug in der kleinen Gemeinde angekommen. Was sollte sie nun tun? Zum Glück wohnte sie nicht weit vom Bahnhof entfernt. Sie beschloss in einer Stunde wiederzukommen. Vielleicht hatte Onkel Alois den nächsten Zug erwischt. Kaffee und Kuchen standen bereit, als Mama ohne den Besuch vom Bahnhof zurückkehrte. Besonders die Kinder waren traurig. Sie hatten sich so auf Onkel Alois gefreut.

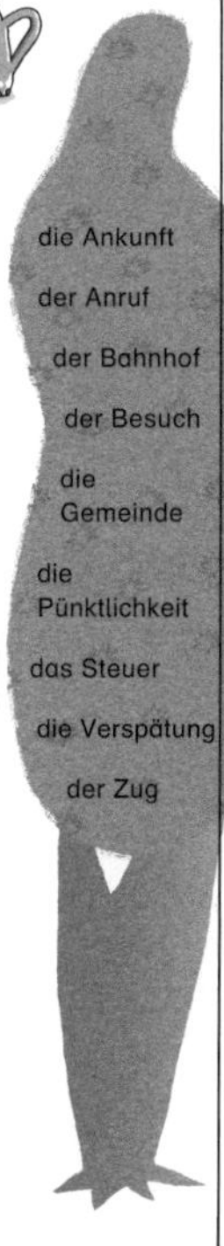

Lösung siehe Text oben:

① Verändere den Text wie unten vorgegeben. Schreibe ihn dann in dein Heft.

Aus dem Mann wird eine Frau. Aus der Tante wird ein Onkel. Er heißt Alois.

Achte auch auf die Veränderungen der Personalpronomen.

Die Frau saß hinter dem Steuer **ihres** Wagens und wunderte sich. Hatte **ihr Onkel** nicht gesagt, **er** ...

② Zu welcher Wortart gehören die Wörter im Baum?

Die Wörter im Baum sind Nomen (Namenwörter).

③ Welche Rechtschreibregel kennst du zu dieser Wortart?

Nomen werden großgeschrieben.

Baum: die Ankunft · der Anruf · der Bahnhof · der Besuch · die Gemeinde · die Pünktlichkeit · das Steuer · die Verspätung · der Zug

6

---

④ Kreise die Satzanfänge im Text auf Seite 6 ein. Welche Rechtschreibregel kennst du zu Satzanfängen?

Satzanfänge werden großgeschrieben.

⑤ Setze an die passende Stelle einen Punkt. Markiere alle Wörter, die du großschreiben musst und schreibe den Text richtig ab.

mit erheblicher Verspätung kam der Zug am Bahnhof der Gemeinde Nussdorf an. sofort ging Tante Luise zur Telefonzelle und rief ihren Neffen Franz an. sie informierte ihn über die Umstände der verspäteten Ankunft. ein Baum war auf die Gleise gestürzt. Franz setzte sich sofort hinters Steuer, um seine Tante abzuholen. Marie und Steffie waren überglücklich, dass Tante Luise doch noch zu Besuch kommen würde. am Bahnhof angekommen, entdeckte Franz seine Tante sofort. er umarmte sie stürmisch und führte sie zum Auto. (81 Wörter)

⑥ Diktattext. Wie willst du heute üben? Umkreise:
Die Diktatformen sind auf Seite 2 erklärt.

Isabell will zu ihrer Freundin Annika fahren. Am Bahnhof warten schon viele Leute. Der Zug hat Verspätung. Das liegt wahrscheinlich am schlechten Wetter, denn der Wind bläst extrem stark und es regnet dicke Tropfen. Eine Viertelstunde steht Isabell nun schon am Bahnsteig. Ihre Freundin wird sich sicher wundern, wo sie so lange bleibt. Isabell verspätet sich nicht gern. Sie mag es nicht, wenn andere auf sie warten müssen. Pünktlichkeit ist für sie sehr wichtig. Leider hat Isabell keine Telefonnummer von Annikas Eltern, sonst würde sie dort anrufen und Bescheid geben. (90 Wörter)

Der Brief an den Nachbarn

Sehr geehrter Herr Buchner,
ich möchte mich bei (Ihnen) entschuldigen!
Mein Sohn Lars hätte sein Skateboard nicht direkt
vor (Ihrer) Eingangstür liegen lassen sollen. Er hat
mir sofort berichtet, wie (Sie) mit der Porzellanvase
in der Hand darüber gestolpert sind. Gott sei Dank
haben (Sie) sich nur leicht verletzt. Ich hoffe, der
blaue Fleck an (Ihrem) Bein verheilt bald wieder.
Natürlich möchte ich (Ihre) Vase ersetzen. Können
(Sie) mir sagen, wo (Sie) sie gekauft haben?
Ich wünsche (Ihnen) gute Besserung und bitte seien
(Sie) nicht verärgert!
(Ihre) Edith Kreuzer
(94 Wörter)

① Markiere im Brief die großgeschriebenen
Höflichkeitsformen bei der Anrede rot.

② Auch Lars schreibt einen Brief an Herrn
Buchner. Dabei vergisst er die Höflichkeitsform.
Korrigiere die Sätze und schreibe sie richtig auf.

Sehr geehrter Herr Buchner,
hoffentlich sind Sie mir nicht böse. Ich wollte nur
kurz mit Ihrem süßen Hund vor der Tür spielen.
Dabei habe ich überhaupt nicht mehr auf mein
Skateboard geachtet. Ich wollte Sie nicht in
Gefahr bringen! Das war eine große Dummheit!
Kann ich meinen Fehler wiedergutmachen?
Ich würde gerne mit Waldi Gassi gehen, bis es
Ihnen wieder besser geht. Oder ich gehe für Sie
einkaufen. Ich kann Ihnen auch in Garten helfen.
Herzliche Grüße,
Ihr Lars

Wörterbaum:
die Dummheit
die Firma
das Gerät
der Nachbar
die Oberfläche
das Porzellan
der Roboter
der Schutz
das Skateboard
der Staubsauger
die Verpackung

8

③ Untersuche die Sätze genau. Wo versteckt sich die
Höflichkeitsform? Fülle die Lücken.

Wortkärtchen: ihre · Sie · Sie · ihre · Ihnen · Ihre · Ihr · sie · sie · ihren

„Herr Rotkohl, ___Sie___ haben ___Ihr___ Buch vergessen!"

„Frau Wirsing, ___Ihre___ Tochter ist noch sehr klein.

Kann ___sie___ das schon?"

„Lola ist eine tolle Sängerin, ich mag ___ihre___ Lieder."

„Soll ich ___Ihnen___ über die Straße helfen?"

„Bitte hilf Oma und trage ___ihren___ Mantel."

„Schau, ___sie___ putzt ___ihre___ Zähne!"

„Können ___Sie___ mir den Weg zeigen?"

④ Diktattext. Wie willst du heute üben?
Umkreise: ✏️ Aa, 〰️, 👁️, 🚶, ✂️.
Die Diktatformen sind auf Seite 2 erklärt.

Herzlichen Glückwunsch zu Ihrem neuen Roboter!
Bitte beachten Sie folgende Anweisungen: Entfernen Sie
die Verpackung erst kurz vor Gebrauch. Der Roboter ist
sehr empfindlich. Schützen Sie ihn vor Licht, Hitze und
Schmutz. Spitze Gegenstände können Verletzungen der
Oberfläche verursachen. Denken Sie an Ihre Gesundheit!
Da der Roboter gefährliche Strahlen aussendet, tragen
Sie bitte immer einen Schutzanzug in seiner Nähe.
Achten Sie außerdem auf genügend Abstand zu anderen
elektrischen Gegenständen. Der Roboter darf wirklich
nur als Staubsauger eingesetzt werden.
Wir wünschen Ihnen viel Freude mit Ihrem neuen Gerät!
Ihre Firma Robot
(90 Wörter)

Der Unfall

An einer Kreuzung passiert ein Unfall. Aus
einiger Entfernung beobachtet Paul zufällig
das Geschehen. Durch seine Schilderung gibt
er ein genaues Zeugnis der Ereignisse ab:
„Der blaue Wagen kam aus der Unterführung und
hat dem Radfahrer an der Kreuzung die Vorfahrt
genommen. Durch diese Unvorsichtigkeit kam es
zu einem Zusammenstoß."
Aufmerksam notiert der Polizist die Beobachtungen
von Paul. Endlich kommt der Krankenwagen. Der
Radfahrer klagt über Übelkeit. Der Autofahrer ärgert
sich über seine Unaufmerksamkeit. Paul muss
noch seine Adresse angeben, dann bekommt er die
Erlaubnis zu gehen.
(89 Wörter)

Wörterbaum:
die Aufmerksamkeit
die Entfernung
das Ereignis
die Erlaubnis
die Gemeinheit
die Kreuzung
die Schilderung
die Schönheit
die Unterführung
das Zeugnis

① Suche im Text alle Nomen (Namenwörter) mit der
Endung -ung, -nis, -heit und -keit und unterstreiche
sie farbig.

② Setze die Wörter aus dem Wörterbaum in die
Mehrzahl.

> Achtung: In der Mehrzahl
> wird -nis zu -nisse!

die Aufmerksamkeiten, die Entfernungen,
die Ereignisse, die Erlaubnisse,
die Gemeinheiten, die Kreuzungen,
die Schilderungen, die Schönheiten,
die Unterführungen, die Zeugnisse

10

③ Von welchen Wörtern stammen diese Nomen ab?
Ordne in die Tabelle.

> Dunkelheit, Kreuzung, Faulheit, Höflichkeit, Übung,
> Ordnung, Gemeinheit, Übelkeit, Traurigkeit, Heizung,
> Impfung, Belohnung

Adjektiv	Verb
dunkel, faul, höflich,	kreuzen, üben, ordnen,
gemein, übel, traurig	heizen, impfen, belohnen

④ Diktattext. Wie willst du heute üben?
Umkreise: ✏️ Aa, 〰️, 👁️, 🚶, ✂️.
Die Diktatformen sind auf Seite 2 erklärt.

Unsere Lehrerin ist krank. Sie liegt mit Übelkeit
im Bett. Zum Glück hat sie keine schlimme
Krankheit. Wir haben eine nette Vertretung,
die sich viel Mühe gibt, im Unterricht alles
genauso zu machen, wie wir es gewohnt sind.
In Mathe erklärt sie alle Übungen ganz genau und hat
Verständnis, wenn wir die Aufgabenstellung nicht auf
Anhieb verstehen. Zur Sicherheit hängt sie uns ein
Blatt mit den richtigen Lösungen an die Tafel. Damit
vergleichen wir unsere Ergebnisse.
In Wahrheit sehe ich keine Notwendigkeit darin, meine
Ergebnisse zu überprüfen, denn ich bin ein guter
Rechner. Aber sicher ist sicher!
(97 Wörter)

Die <u>sonderbaren</u> Wolpertinger
Weißt du, was ein Wolpertinger ist? Der
Wolpertinger ist ein <u>bayerisches</u> Fabelwesen.
Wolpertinger sehen ganz unterschiedlich aus:
Die Körperteile verschiedener Tiere sind <u>scheinbar</u>
<u>wahllos</u> neu zusammengesetzt. So kann zum
Beispiel ein Hase Hörner und Flügel bekommen. Ein
<u>typischer</u> Wolpertinger wirkt also oft unheimlich und
gruselig. Wolpertinger leben angeblich im Wald und
sind sehr, sehr scheu. Deswegen hat sie auch noch
niemand gesehen. <u>Ahnungslose</u> Wanderer müssen
sich also nicht fürchten. Es gibt keine Berichte
über <u>launische</u> oder <u>teuflische</u> Wolpertinger, die
Menschen angreifen. Viele wären im Gegenteil
<u>wunschlos</u> glücklich, wenn sie so ein Mischwesen
einmal treffen würden.

(98 Wörter)

① Unterstreiche im Text alle Adjektive
(Wiewörter) mit -isch, -bar und -los am Ende.

② Schreibe den Text als Schleichdiktat. Wie du ein
Schleichdiktat schreibst, ist auf Seite 2 erklärt.

③ Schreibe alle Wörter vom Wörterbaum mit mehr als
zwei Silben in Silben getrennt auf.

<u>ah-nungs-los, fan-tas-tisch, son-der-bar,</u>

<u>wun-der-bar</u>

Wörterbaum:
ahnungslos
fantastisch
reglos
sonderbar
teuflisch
tierisch
typisch
wahllos
wunderbar
wunschlos

12

---

④ Verwandle die angegebenen Wörter in Adjektive
mit -bar, -isch und -los.

Sorge	<u>sorglos</u>	Mut	<u>mutlos</u>
essen	<u>essbar</u>	Fantasie	<u>fantasielos/fantastisch</u>
Ahnung	<u>ahnungslos</u>	Sturm	<u>stürmisch</u>
lösen	<u>lösbar</u>	Tier	<u>tierisch</u>
Regung	<u>reglos/regungslos</u>	Wunder	<u>wunderbar</u>
Typ	<u>typisch</u>	Lust	<u>lustlos</u>
Logik	<u>logisch</u>	Laune	<u>launisch</u>

⑤ Diktattext. Wie willst du heute üben?
Umkreise:
Die Diktatformen sind auf Seite 2 erklärt.

Ingrid liebt die Rock-Mäuse. Aufgeregt erzählt sie ihrer
Mutter: „Die Band gibt ein Konzert in unserer Stadthalle.
Ich finde ihre Musik unheimlich toll. Die Sängerin sieht
fantastisch aus und singt alle Lieder tierisch gut.
Du solltest mal hören, wie hoch sie singen kann.
Meistens kommt sie übrigens barfuß auf die Bühne.
Das ist typisch für sie. Der Gitarrist der Band ist ein
bisschen sonderbar. Er steht oft stundenlang nahezu
reglos auf der Bühne und starrt geradeaus. Aber sein
Instrument spielt er teuflisch gut. Ich wäre wunschlos
glücklich, wenn ich nur einmal ein Konzert von den
Rock-Mäusen miterleben könnte. Das wäre einfach
wunderbar!"

(102 Wörter)

Im Zirkus
<u>Vorgestern</u> war ich mit meiner Tante Luise
im Zirkus. Es war ein besonderes Geburtstagsgeschenk, das sie mir machte. Wir durften fast bis
zum Haupteingang <u>vorfahren</u> und wurden dort von
einem <u>vornehm</u> gekleideten Mann empfangen.
Er führte uns in die erste Reihe und <u>verbeugte</u> sich
sogar leicht, als er sich von uns <u>verabschiedete</u>.
Die Clowns fand ich besonders lustig, auch wenn
ich sie vor lauter Lachen kaum <u>verstand</u>. Bereits
am <u>Vortag</u> hatte mir meine Tante erzählt, dass sie
sich auf die Akrobaten freut. Ihre <u>Vorfreude</u> hat sich
gelohnt, denn die Männer und Frauen konnten sich
so stark <u>verbiegen</u> und <u>verdrehen</u>, dass man nur
staunen konnte.

(106 Wörter)

① Unterstreiche im Text alle Wörter mit der Vorsilbe
<u>Ver-/ver-</u> grün und mit <u>Vor-/vor-</u> rot.

② V/v oder F/f? Setze richtig ein.

Im Stall wartet das <u>F</u>erkel auf sein Futter.
Bauer Sepp bringt es jeden <u>V</u>ormittag pünktlich
<u>v</u>orbei. Bevor er das Wohnhaus betritt,
<u>v</u>ersucht er immer den Schmutz von seinen
<u>F</u>ersen abzukratzen. Oft ruft seine Frau schon
von Weitem: Das Essen ist <u>f</u>ertig! Dann gibt
es zum Beispiel <u>F</u>orelle mit frischem Gemüse
aus dem <u>V</u>orgarten. In den <u>F</u>erien reisen viele
Familien aus nah und <u>f</u>ern an. Sie <u>v</u>erbringen
gerne ihre Freizeit mit den Tieren.

(72 Wörter)

Wörterfigur:
verabschieden
verbeugen
verbiegen
verdrehen
verstehen
die Vorfreude
vorgestern
der Vormittag
die
Vorstellung

14

---

③ Ver-/ver- oder Vor-/vor-?
Finde zu den Wörtern eine passende Vorsilbe
und schreibe sie auf.

<u>Vorsicht, vergessen, Verbrauch,</u>

<u>verspäten, Vorfahrt, ver-/vorbeugen,</u>

<u>verlieben, ver-/vorstellen,</u>

<u>Verkauf, Vormittag, Verlosung</u>

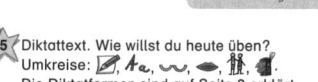
(Ballon:) sicht gessen brauch späten fahrt beugen lieben stellen kauf mittag losung

④ Wie viele Wörter aus Aufgabe 3 hast du großgeschrieben?

Ich habe _6_ Wörter großgeschrieben.

Denk daran: Nomen schreibst du groß!

⑤ Diktattext. Wie willst du heute üben?
Umkreise:
Die Diktatformen sind auf Seite 2 erklärt.

Schon den ganzen Vormittag über bin ich aufgeregt, weil
wir heute in den Zirkus gehen. Vor lauter Vorfreude sind
wir schon lange vor Beginn der Vorstellung da. Trotzdem
hat sich schon eine lange Schlange vor dem Eingang
gebildet. Wir wollen uns gerade hinten anstellen, als
ein vornehm gekleideter Mann auf uns zukommt.
Er verbeugt sich leicht vor mir und führt uns in das
Zirkuszelt zu unseren Plätzen in der ersten Reihe.
Erst bin ich etwas verwirrt, aber Tante Luise lacht
und verrät mir den Grund dafür. Diese besondere
Überraschung hat sie mit ihm verabredet.

(94 Wörter)

Backrezept für Schoko-Apfelkuchen
Zuerst alle Zutaten genau <u>abwiegen</u>.
Mehl und Butter gut <u>durchkneten</u>, dann
in einer Schüssel mit dem Zucker und
dem Eigelb <u>verrühren</u>. Im Anschluss nach und
nach Eischnee <u>unterheben</u>. Nun zerlassene
Schokolade vorsichtig der Teigmasse <u>zufügen</u>. Mit
dem Schneebesen sorgfältig <u>umrühren</u> und darauf
achten, dass keine Klümpchen <u>entstehen</u>. Den
fertigen Teig kurz <u>zudecken</u> und ruhen lassen.

Äpfel <u>abwaschen</u>, schälen, <u>entkernen</u> und wurmige
Stellen <u>wegschneiden</u>. Den Teig gleichmäßig in
der Backform <u>verteilen</u> und mit den Obststücken
<u>belegen</u>. In den vorgeheizten Backöfen schieben
und bei mittlerer Hitze backen. Den fertigen Kuchen
aus dem Ofen nehmen, <u>abkühlen</u> lassen und mit
Puderzucker <u>bestreuen</u>. (101 Wörter)

(1) Im Text stehen zahlreiche Verben (Tunwörter)
mit Vorsilben und Wortbausteinen.
Unterstreiche sie grün.

(2) Schreibe den zweiten Absatz als Silbendiktat. Wie
du ein Silbendiktat schreibst, ist auf Seite 2 erklärt.
Lösung siehe Text

(3) Manche Verben können verschiedene Vorsilben
oder Wortbausteine haben. Finde möglichst viele
Möglichkeiten für die Verben „sprechen" und „fallen"
und schreibe sie in dein Heft.

ent- nach- un- miss- über- ab- auf- zu-
unter- aus- zer- um- durch- fest- hin- wider-

abwiegen
belegen
bestreuen
besuchen
durchkneten
übersehen
umrühren
verteilen
vorheizen
wider-
sprechen

16

---

(4) Ergänze die fehlenden Vorsilben und Wortbausteine.

ge-, über-, er-, be-, fest-, ver-, ein-, be-, zer-, voll-, ein-

Gestern <u>be</u>suchte ich meinen Opa. Er liegt im Krankenhaus, weil er sich tief ins Bein <u>ge</u>schnitten hat. Als
ich das Krankenzimmer <u>be</u>trat, <u>ver</u>band gerade eine
Krankenschwester seine Wunde. Es war kaum zu
<u>über</u>sehen, dass Opa Schmerzen hatte. Er sollte sogar
ein Schmerzmittel <u>ein</u>nehmen. Opa musste die Tablette
in zwei Stücke <u>zer</u>teilen. Ich konnte schnell <u>fest</u>stellen,
dass das Medikament gut wirkte. Opa sah <u>er</u>leichtert
aus und konnte bald nach Einnahme des Schmerzmittels
gut <u>ein</u>schlafen. Der Arzt meinte, Opa wird bald wieder
<u>voll</u>kommen wohlauf sein. (83 Wörter)

5 Diktattext. Wie willst du heute üben?
Umkreise: 🖊 A, ∿, 👄, 👥, 🖐
Die Diktatformen sind auf Seite 2 erklärt.

Tilo ist aufgeregt. Er ist nach der Schule gleich losgesaust,
um schnell nach Hause zu kommen. Mit seiner Mutter
hat er ausgemacht, gemeinsam einen Kuchen für Opa zu
backen. Den wollen sie ihm mitbringen, wenn sie ihn im
Krankenhaus besuchen. Jetzt aber verspätet sich Mama.
Tilo überlegt eine Weile und beschließt dann ohne Mama
anzufangen. Sorgfältig liest er das Rezept, um nichts zu
übersehen. Er muss alle Zutaten genau abwiegen. Endlich
kommt Mama. Gemeinsam kneten sie den Teig durch
und belegen ihn mit Äpfeln. Wenig später ist der Kuchen
fertig. Endlich können sie losfahren! (94 Wörter)

Dumm gelaufen
Mein Vater hat mir schon tausendmal erklärt,
wie wichtig Pünktlichkeit ist.
Gestern bin ich zu spät gekommen. In der U-Bahn
saß neben mir ein Mann, der blind war. Als er
aussteigen musste, half ich ihm den Weg zur
Tür zu finden. Bei dem Gedränge schob mich ein
Jugendlicher aus dem Wagon. Die Tür schloss
genau in dem Moment, als ich wieder einsteigen
wollte. Ich klopfte noch wild gegen das Fenster und
rüttelte kräftig am Griff, aber es half nichts. Der Zug
fuhr weg. Auf die nächste Bahn musste ich lange
warten und mir war schnell klar, dass es Ärger mit
meinem Vater geben würde. (106 Wörter)

(1) Schreibe den Text ab. Tipps zum Abschreiben
findest du auf Seite 2.

Es gibt mehrere Möglichkeiten Wörter
zu verlängern. Verben setzt du in die
Grundform und Adjektive steigerst du.

(2) b/p, d/t oder g/k? Verlängere die Wörter.

wil <u>d</u>	wilder	→ also: wild
klu <u>g</u>	klüger	→ also: klug
bun <u>t</u>	bunter	→ also: bunt
har <u>t</u>	härter	→ also: hart
pie <u>p</u> st	piepsen	→ also: piepst
zei <u>g</u> t	zeigen	→ also: zeigt
to <u>b</u> t	toben	→ also: tobt

blind
bunt
hart
jugendlich
jung
das Land
lang
tausend
traurig
der Weg
wild

18

---

(3) Kreuze an: Wie verlängerst du? Schreibe das Wort auf.

	Mehr-zahl	Steige-rung	Grund-form	Ich übe das Wort
run <u>d</u>	☐	✗	☐	rund
Urlau <u>b</u>	✗	☐	☐	Urlaub
tauri <u>g</u>	☐	✗	☐	traurig
jun <u>g</u>	☐	✗	☐	jung
wie <u>g</u> t	☐	☐	✗	wiegen
Zwei <u>g</u>	✗	☐	☐	Zweig
lü <u>g</u> t	☐	☐	✗	lügen
Lan <u>d</u>	✗	☐	☐	Land

4 Diktattext. Wie willst du heute üben?
Umkreise: 🖊 A, ∿, 👄, 👥, 🖐
Die Diktatformen sind auf Seite 2 erklärt.

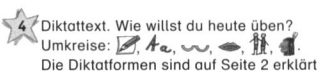 

Im August ziehen wir um in eine fremde Stadt. Ich bin
traurig, weil ich meine Freunde verlassen muss. Es wird
ein langer Abschied und wir versprechen tausendmal
uns zu schreiben. Die Fahrt mit dem Lastwagen führt
quer durchs Land und es dauert Stunden, bis wir endlich
da sind. Zuerst schaue ich mich im Garten um. Überall
wachsen wilde und bunte Pflanzen. Hoffentlich bleibt das
so! Beim Nachbarn höre ich Musik. Neugierig blicke ich
über den Zaun. Ein Junge winkt und zeigt mir den Weg
durch die Sträucher zu seinem Haus. Neue Freunde zu
finden scheint nicht schwierig zu sein. (99 Wörter)

Halloween

Im Hort sollte eine tolle <u>Fete</u> stattfinden. Alle <u>kamen</u> verkleidet. Vorher überlegte ich <u>still</u>: Verkleide ich mich als Hexe oder als Geist? Wer die <u>Wahl</u> hat, hat die Qual! Zuerst warf ich mir das weiße Betttuch über. Aber darin fühlte ich mich nicht wohl. So entschied ich mich für das Hexenkostüm. Schnell zog ich eine schwarze Wollstrumpfhose an. Dann probierte ich den Umhang. Du meine Güte! Den <u>füllte</u> ich ja gar nicht aus! Ich stopfte ein Kissen unter meinen Pulli. Jetzt passte der Umhang besser. Dann schmierte ich noch <u>Fett</u> in meine Haare und frisierte sie mit einem <u>Stielkamm</u> so, dass sie richtig toll abstanden.

(106 Wörter)

① Unterstreiche im Text alle Wörter aus dem Wörterbaum. Schreibe den Text ab.

② Markiere im Wörterbaum in jedem Wort den betonten Vokal (Selbstlaut) und setze das richtige Zeichen darunter: langer Vokal (━) oder kurzer Vokal (•)?

③ Trage die Wörter aus dem Wörterbaum richtig ein.

langer Vokal: <u>Fete, fühlen, kam, Stiel,</u>
<u>verbieten, Wahl</u>

kurzer Vokal: <u>Fett, füllen, Kamm, still,</u>
<u>verbitten, Wall</u>

Fete – Fett

fühlen – füllen

kam – Kamm

Stiel – still

verbieten – verbitten

Wahl – Wall

Regel 1: Wird der betonte Vokal in einem Wort kurz gesprochen, so wird der folgende Konsonant verdoppelt.

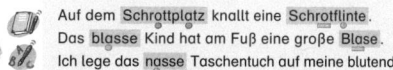

④ Fülle die Lücken. Die Wörter aus dem Wörterbaum helfen dir.

Im Wald soll man <u>still</u> sein.

Die Schaufel hat einen langen <u>Stiel</u>.

Gestern <u>kam</u> er aus dem Urlaub zurück.

Für meine Haare brauche ich einen <u>Kamm</u>.

Der <u>Wall</u> schützt uns vor Hochwasser.

Nach der <u>Wahl</u> gratulieren wir dem Sieger.

„Ich <u>verbitte</u> mir diesen Ton!", rief der Lehrer.

Der Arzt <u>verbietet</u> mir, krank in die Schule zu gehen.

⑤ Wortspiele. Setze in den markierten Wörtern unter den betonten Vokalen das richtige Zeichen (━ oder •). Schreibe dann den Text ab.

Auf dem Schrottplatz knallt eine Schrotflinte.
Das blasse Kind hat am Fuß eine große Blase.
Ich lege das nasse Taschentuch auf meine blutende Nase.
Die schönen Hüte liegen auf dem Regal in der Hütte.
Ganze Scharen von Vögeln scharren auf dem Feld.
Ich muss das Mus aufessen.
Rentiere sind auch Renntiere.
Im Schlaf sind unsere Glieder ganz schlaff.
Die Hasen hassen Schokolade.
Ich schaffe die Schafe auf die Seite.
Die dünne Frau geht in der Düne spazieren.
Wenn die kleinen Vögel flügge werden, machen sie ihre ersten Flüge.

(88 Wörter)

---

⑥ Markiere in jedem Wort den betonten Vokal (Selbstlaut) gelb. Setze dann das richtige Zeichen (━ / •) darunter.

Flinke Kinder lernen hurtig.
Kranke Kinder trinken Saft.
Witzige Kinder lachen gerne.
Schlanke Kinder turnen oft.
Freche Kinder folgen selten.
Manche Kinder petzen nicht.
Lustige Kinder tanzen wild.
Zankende Kinder nerven mich.

(32 Wörter)

Regel 2: Folgen nach einem betonten kurzen Vokal mehrere verschiedene Konsonanten, wird **nicht** verdoppelt.

⑦ Setze unter die markierten Wörter das richtige Zeichen (━ oder •) und schreibe diese Wörter auf.

Regel 3: Wird der betonte Vokal in einem Wort lang gesprochen, so wird der folgende Konsonant **nicht** verdoppelt.

Die Schafe leben auf dem Hof.
Die Buben kleben das Paket zu.
Das Rad ist grün.
Der Weg ist eben.
Der Plan ist gut.

(24 Wörter)

<u>Schafe, Hof, Buben, Paket, Rad, grün,</u>
<u>Weg, eben, Plan, gut</u>

die Bank
flink
krank
lachen
lustig
manche
petzen
turnen

⑧ Schreibe die Wörter zu den Bildern in der Einzahl und Mehrzahl mit Artikel (Begleiter). Setze das richtige Zeichen (━ oder •) unter die Wörter.

Einzahl	Mehrzahl
Palme	Palmen
Blume	Blumen
Bank	Bänke
Pfeil	Pfeile
Wolke	Wolken

9 Diktattext. Wie willst du heute üben?
Umkreise:
Die Diktatformen sind auf Seite 2 erklärt.

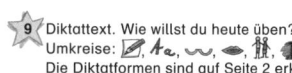

Auf die Fete kamen viele Kinder. Alle waren als Hexen, Geister und Zauberer verkleidet. Ich trug mein Hexenkostüm: eine schwarze Hose, einen Umhang aus Wolle, einen Hut aus Filz, einen Zauberstab und einen Hexenbesen.
Mit Haarfett hatte ich mir eine wilde Frisur gemacht.
Es war ein schönes Fest und alle fühlten sich wohl. Jeder konnte wählen, was er gerne tun wollte: tanzen, spielen, raten, essen, trinken. Die Stimmung war wirklich toll. Hoffentlich gibt es nächstes Jahr wieder so eine klasse Fete.

(81 Wörter)

Der Maßstab
Die Kinder lernen den Maßstab kennen.
Auf einer Landkarte sind Berge, Wege und Flüsse
natürlich kleiner als in der Wirklichkeit gezeichnet.
Der Maßstab bezeichnet das Verhältnis zwischen
der abgebildeten Größe und der tatsächlichen
Größe der Dinge. Heute rechnen die Kinder aus,
wie lang die Donau ist.
„Die Donau ist ein Fluss, der von Westen
nach Osten fließt. Sie ist der zweitgrößte und
zweitlängste Strom in Europa", erklärt der Lehrer.
Die Kinder messen zuerst mit einem Lineal die
Länge der Donau auf der Karte. Dann müssen sie
die gemessene Strecke mithilfe der Maßstabszahl
umrechnen. Schließlich haben die fleißigen Schüler
das Ergebnis: Die Donau ist 2.857 Kilometer lang!
(108 Wörter)

fließen

der Fluss –
die Flüsse

die Flüssigkeit

das
Maß

messen

① Schreibe den Text ab. Tipps zum Abschreiben
findest du auf Seite 2.

> Nach langem Vokal,
> Umlaut oder
> Doppellaut schreibt
> man meist ß.

② Schreibe das falsch geschriebene Wort in der Reihe
richtig auf die Zeile.

Kuss	Fluss	Kissen	Grösse	Größe
Bass	Kasse	Gruss	Bissen	Gruß
Spaß	messen	lassen	Wasser	Spaß
Nuss	fliessen	nass	Riss	fließen

> In manchen Wortstämmen
> wechselt die Länge des
> Lauts vor s; deshalb
> wechselt die Schreibung
> ß mit ss.

③ Höre genau hin.
Was verändert sich?
Schreibe richtig auf.

Vater muss heute noch den Garten gießen. Vor einigen

Tagen hat er den Garten auch schon _gegossen_

Am Abend wird Mutter die Haustüre abschließen.

Gestern hat sie die Türe auch _abgeschlossen_ .

In den Ferien genießen wir die Sonne. Auch in den letzten

Ferien haben wir die Sonne _genossen_

Die Donau wird immer von Westen nach Osten fließen.

Sie ist schon immer von Westen nach Osten _geflossen_ .

④ Pepe hat seine Hausaufgaben gemacht. Dabei hat
er manchmal ss und ß durcheinander gebracht.
Kontrolliere und berichtige, wo nötig (5).

Max und Frieder bastelten für ihre elektrische Eisenbahn
aus einer weissen[ß] Masse Berge, Täler und Flüsse.
Dabei mußten[ss] sie sich ganz genau an die vorgegebenen
Maße halten. Danach malten sie die Landschaft an,
befestigten die Gleise und stellten noch kleine Häuschen,
Autos und Busse[ss] auf.
Für den Fluß[ss], der durch das Tal floß[ss], schnitzten sie ein
kleines Floß. Plötzlich schoss die Katze Susi ins Zimmer,
sprang auf Frieders Schoß und warf dabei den Farbtopf
um. Max weinte: „Dafür musst du aber Busse[ß] tun!"
(83 Wörter)

---

① Male alle Wörter mit ß in dem Unsinnsgedicht rot an.
Markiere den Laut vor ß mit dem richtigen Zeichen
(▬ oder ●). Schreibe dann diese Wörter auf.

Wenn ich schwitze, fließt der Schweiß.
Wenn es schneit, ist es draußen weiß.
Das Gegenteil von Faulheit ist der Fleiß.

Vom Urlaub schicke ich einen Gruß.
Der Kaminkehrer ist voller Ruß.
Den Schuh trage ich an meinem Fuß.

Den Fluss überquere ich mit dem Floß.
Hoffentlich ist er nicht allzu groß.
Ich denke mir: „Wie mache ich es bloß?"

Ich nehme richtig Maß.
Dann habe ich wieder Spaß.
Jede Sünde muss man büßen.
Und nun lasse ich euch grüßen.
(79 Wörter)

bloß

der Fleiß

das Floß

der Fuß

groß

der Gruß

heiß

der Ruß

der
Schweiß

weiß

fließt, Schweiß, draußen,
weiß, Fleiß, Gruß, Ruß,
Fuß, Floß, groß, bloß, Maß,
Spaß, büßen, grüßen

> Ich schreibe ß: nach
> langem Vokal, nach
> Umlaut und nach ei,
> au, äu, eu.

② Finde das Gegenteil.

schwarz	_weiß_	innen	_außen_
klein	_groß_	sauer	_süß_

faul _fleißig_

kalt _heiß_

③ Schreibe die Sätze als Würfeldiktat.
Das Würfeldiktat ist auf Seite 2 erklärt.

⚀ Fleißig grüße ich alle Leute und heiße sie willkommen.
⚁ Ich nasche gerne Süßigkeiten, aber ich mag auch
Weißwürste.
⚂ Ich genieße das großartige Fußballspiel.
⚃ Das Maß ist voll, aber es gibt auch das Wort „maßvoll".
⚄ Der Schnee ist weiß, die Sonne ist heiß.
⚅ Draußen im Garten pflücke ich dir einen Blumenstrauß.

④ Trenne die Wörter mit Strichen.

fleißig grüßen Bußgeld

heißen spaßig draußen Maßband

⑤ Diktattext. Wie willst du heute üben?
Umkreise:
Die Diktatformen sind auf Seite 2 erklärt.

Wir zeichnen fleißig Häuser und messen die Längen mit
einem Maßband. Ich schaue, wie groß Marens Haus ist.
Dabei stoße ich an ein Wasserglas. Das Wasser ergießt
sich über Marens Fuß.
„Das ist nicht spaßig!", ruft Maren laut. „Das Wasser ist in
meinen Schuh geflossen. Das sollst du mir büßen!"
Sie reißt an meinen Haaren. Ich brülle laut. Es ist
bestimmt bis draußen auf die Straße zu hören.
„Ich habe das Wasser nicht absichtlich in den Schuh
gegossen", weine ich.
„Ihr sollt messen und nicht streiten", schreit der Lehrer.
Sein Gesicht wird rot.
„Ist dir heiß?", will ich wissen.
(99 Wörter)

Das Duell
Das Spitzenspiel zwischen Klasse 4a und 4b war eine packende Partie. Ein Stürmer der 4b kickte aus spitzem Winkel auf das Tor. Der Torwart erblickte den Ball zu spät, konnte aber die Kugel noch von der Linie kratzen. Die 4a nutzte ihre erste Tormöglichkeit und versenkte den Ball im Netz. Nun beschränkte sie sich auf die Abwehrarbeit. Kurz vor Schluss verletzte sich ein Spieler der 4a. Der Schiedsrichter entschied auf Freistoß. Sofort entdeckte der Schütze eine Lücke, aber sein Schuss wurde abgeblockt. Blitzschnell wurde der fällige Eckstoß ausgeführt. Ein Stürmer der 4a setzte sich ab, sprang hoch und drückte den Ball mit dem Kopf ins Tor.

(108 Wörter)

?! ① Markiere im Wörterbaum in allen Wörtern den Vokal (Selbstlaut) oder Umlaut vor tz und ck mit dem richtigen Zeichen: ▬ oder ●. Was fällt dir auf?

Den Vokal oder Umlaut spreche ich _kurz_.

② Suche im Text alle Wörter mit tz und ck und schreibe sie auf.

tz: _Spitzenspiel, spitzem, kratzen, nutzte, Netz,_
verletzte, Schütze, blitzschnell, setzte

ck: _packende, kickte, erblickte, entdeckte,_
Lücke, abgeblockt, Eckstoß, drückte

Wörterbaum: besetzt, blicken, blitzen, der Block, dick, dreckig, drücken, die Ecke, entdecken, flitzen, kratzen, nützen, verletzen

③ Setze richtig ein: k oder ck, z oder tz.

das Pa_k_et	die Blö_ck_e	der Da_ck_el
der Spu_k_	die Spu_ck_e	der We_ck_er
die Ban_k_	das Wer_k_	die Wol_k_e
der Kran_z_	die War_z_e	pflan_z_en
die Ka_tz_e	die Ker_z_e	jauch_z_en
fli_tz_en	spri_tz_en	das Kreu_z_

 Nach l, n, r, das merk' dir ja, steht nie tz und nie ck! Auch nach ch und Doppellaut steht nie tz und ck.

④ Trenne und schreibe die Wörter in Silben auf.

sitzen, verletzen, nützen, blicken, drücken, die Hecke

sit-zen, ver-let-zen, nüt-zen, bli-cken, drü-cken, He-cke

⑤ Diktattext. Wie willst du heute üben? Umkreise: ✏, A𝑎, ∿, ➤, 👥, 🔊.
Die Diktatformen sind auf Seite 2 erklärt.

Das Spitzenspiel wurde auf einem dreckigen Platz ausgetragen. Aber wen kratzte das? Es war von Beginn an eine packende Partie. Der Ball wurde oft abgeblockt und flog nur ins Außennetz. Ein Spieler entdeckte eine Lücke und flitzte blitzschnell zum Tor. Aber es nützte nichts, denn er stürzte? Nein. Sofort sprang er wieder auf und haute mit einem Hackentrick den Ball in die Maschen. Tor! Da hatte die Deckung geschlafen! Doch nach dem Anstoß rückte nun die Angriffsspitze der anderen Mannschaft vor, sie konnte sich aber nicht durchsetzen. So endete das Spiel eins zu null (1:0).

(97 Wörter)

Oktoberfest
Am Dienstag fuhren Sofie und Dieter mit ihren Eltern zum Oktoberfest nach München. Hier gab es viele Fahrgeschäfte und Stände. Überall konnte man den Duft der gebrannten Mandeln riechen. „Hereinspaziert, jede Familie zahlt nur sieben Euro", rief der Mann vom Riesenrad. Schließlich stiegen sie ein und fuhren los. „Da geht es aber tief hinunter!", meinte Dieter. Sofie begann zu frieren und schimpfte: „Ich fahre niemals wieder mit dem Riesenrad." Danach durften sie Lose ziehen, erwischten aber nur Nieten. „Ich möchte Dosen werfen!", rief Dieter. Am Wurfstand bekam er vier Bälle, zielte und traf alles. Da sagte er: „Das war gar nicht schwierig."

(103 Wörter)

Wörterbaum: frieren, geschieht, der Krieg, niemals, niemand, riechen, schieben, schimpfen, die Schwierigkeit, der Spiegel, verlieren, zielen

① Schreibe den Text ab. Tipps zum Abschreiben findest du auf Seite 2.

② Setze folgende Verben in die 1. Vergangenheit.

fallen – ich _fiel_	schreiben – er _schrieb_
laufen – er _lief_	schlafen – ich _schlief_
rufen – wir _riefen_	blasen – sie _blies_

③ Suche zu den Nomen (Namenwörtern) die passenden Verben (Tunwörter).

das Ziel: _zielen_	der Schub: _schieben_
der Spiegel: _spiegeln_	der Verlust: _verlieren_
der Sieg: _siegen_	der Geruch: _riechen_

④ i oder ie? Setze richtig ein und ordne die Wörter.

die T_i_nte, der B_i_ss, es gesch_ie_ht, die M_i_tte, z_ie_hen, fl_i_nk, bekr_ie_gen, die Sp_i_nne, n_ie_mand, verl_ie_ren

i: _die Tinte, der Biss, die Mitte, flink, die Spinne_

ie: _es geschieht, ziehen, bekriegen, niemand, verlieren_

 Ein lang gesprochenes i wird oft als ie geschrieben.

⑤ Diktattext. Wie willst du heute üben? Umkreise: ✏, A𝑎, ∿, ➤, 👥, 🔊.
Die Diktatformen sind auf Seite 2 erklärt.

Auf dem Oktoberfest ist es immer interessant und lustig. Es gibt viele Stände, Fahrgeschäfte und Bierzelte. Besonders die wilden Fahrgeschäfte sind bei den Kindern beliebt. Hier bilden sich oft lange Schlangen vor den Kassen. Auch die Fahrt mit dem Riesenrad ist heiß begehrt. Überall riecht es nach gebrannten Mandeln und Zuckerwatte. Jeder findet für sich schöne Dinge. Die Leute schieben sich durch die vollen Gassen und manche schimpfen: „Niemand hat Platz. Hier kann man ja die Kinder verlieren." Aber zum Schluss gibt es im Bierzelt eine Stärkung und alle sind wieder zufrieden.

(92 Wörter)

Der Fahrradführerschein
Dieses Jahr macht die Klasse 4a im Januar den Fahrradführerschein. Leider haben die Kinder keine Wahl. Trotz der kalten Jahreszeit müssen sie mit den Rädern draußen üben. Häufig bereiten ihnen die Kälte, die Nässe und die Eisglätte Probleme. Es ist auch nicht ungefährlich, die Räder auf feuchten oder auf Schnee bedeckten Fahrbahnen zu steuern. „Es wäre viel besser, wenn wir im Sommer an der Reihe wären und uns nicht im Winter quälen müssten", meckern einige Kinder. Aber der Lehrer lächelt und scherzt: „Dadurch werdet ihr abgehärtet. Außerdem sind wir mit den Übungseinheiten bald fertig und dann bekommt ihr auch noch eure Fahrradpässe." (104 Wörter)

besser

feucht
die Glätte

häufig
die Kälte

die Nässe

die Pässe

quälen

steuern

wählen

① Schreibe den Text ab. Tipps zum Abschreiben findest du auf Seite 2.

② Suche zu den folgenden Nomen (Namenwörtern) verwandte Adjektive (Wiewörter). Markiere den Wortstamm.

die Kälte	kalt	die Nässe	nass
die Glätte	glatt	die Gefahr	gefährlich
die Schärfe	scharf	die Stärke	stark

③ Setze die Verben (Tunwörter) in die Grundform.

er rät	raten	er läuft	laufen
es wächst	wachsen	er lässt	lassen
du wäscht	waschen	es bläst	blasen

④ Unterstreiche die verwandten Wörter in der gleichen Farbe und schreibe sie geordnet auf. Markiere dann den Wortstamm.

deutlich, hängen, befeuchten, die Zahl, die Hänge, erzählen, die Bedeutung, feucht, die Feuchtigkeit, deuten, die Erzählung, der Hang

Das ist für uns nicht neu – der Wortstamm ändert sich nicht bei Wörtern mit e und eu.

deutlich, die Bedeutung, deuten

hängen, die Hänge, der Hang

befeuchten, feucht, die Feuchtigkeit

die Zahl, erzählen, die Erzählung

⑤ Diktattext. Wie willst du heute üben?
Umkreise:
Die Diktatformen sind auf Seite 2 erklärt.

Heute haben die Kinder ihre Fahrradprüfung. Zuerst dürfen sie sich ein Rad auswählen. Dann erklären die Polizisten ihnen die Strecke. Bei den feuchten und glatten Fahrbahnen ist es gefährlich, um die Kurven zu steuern. Die Polizisten machen den Kindern deutlich, wie wichtig es ist, aufzupassen und nicht zu träumen. Dann fängt die Prüfung an. Abwechselnd fahren die Kinder kreuz und quer über das Gelände. Alle strengen sich an. Bald haben sie es geschafft. Zum Schluss bekommen sie ihre Fahrradpässe ausgehändigt. Freudig hängen die Kinder ihre Plaketten um und erzählen zu Hause ihren Eltern von dem spannenden Tag. (97 Wörter)

32

Die Detektive
Wilhelm und Johanna spielen Detektive. Dazu ziehen sie sich schwarze Umhänge an. „Jetzt brauchen wir noch schwarze Hüte", meint Wilhelm. „Vielleicht kann Mutter welche nähen", schlägt Johanna vor. Aber Wilhelm winkt ab: „Wir können sie nicht fragen, sonst ist unser Auftrag nicht mehr geheim." Wilhelm und Johanna geben sich Mühe den Gummibärendieb aufzuspüren. Ihm droht eine harte Strafe. Am Abend legen sie sich in der Küche auf die Lauer. Noch ist alles ruhig, aber bald hören sie ein Geräusch. Sofort drehen sie das Licht an und sehen den Übeltäter. Es ist ihr kleiner Bruder Max. Er versucht zu fliehen, aber es ist zu spät. (106 Wörter)

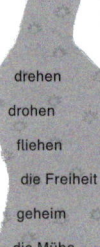

drehen

drohen

fliehen

die Freiheit

geheim

die Mühe

nähen

die Ruhe

ziehen

① Schreibe den Text ab. Tipps zum Abschreiben findest du auf Seite 2.

② Schreibe zu folgenden Wörtern das Nomen (Namenwort) in Silben und markiere darin das h.

er zieht –	die Zie-hung
du bemühst –	die Mü-he
es bläht –	die Blä-hung
er droht –	die Dro-hung
sie dreht –	die Dre-hung

③ Bilde die Mehrzahl.

der Schuh	Schuhe	die Kuh	Kühe
der Zeh	Zehen	das Reh	Rehe
der Floh	Flöhe	das Geweih	Geweihe

④ Schreibe die Grundform der Wörter in Silben in die erste Spalte und markiere das h. Ordne das Wort richtig ein.

er fleht   sie fehlt   er sehnt
sie ruht   er fährt   ihr seht

Grundform	silbentrennendes h	stummes h
fle - hen	er fleht	–
feh-len	–	sie fehlt
seh-nen	–	er sehnt
ru-hen	sie ruht	–
fah-ren	–	er fährt
se-hen	ihr seht	–

⑤ Diktattext. Wie willst du heute üben?
Umkreise:
Die Diktatformen sind auf Seite 2 erklärt.

Wilhelm und Johanna führen einen geheimen Auftrag aus. Sie geben sich große Mühe den Dieb zu erwischen. In aller Ruhe legen sie sich in der Nähe der Süßigkeiten auf die Lauer. Als sie ein Geräusch hören, drohen sie: „Halt! Stehen bleiben! Wenn du fliehst, droht dir eine harte Strafe. Wenn du dich ergibst, geschieht dir nichts." Dann drehen sie das Licht an. Da steht der Hund Bruno. „Bruno war es bestimmt nicht", meint Johanna. „Er ist so lieb." Doch da schmatzt Bruno leise. Da sieht man es mal: Auch Hunde stehlen manchmal. (92 Wörter)

34

Auf dem Bauernhof

Fra**nk** und Si**lk**e fuhren Ende Mär**z** mit ihren Eltern auf einen Bauernhof. Als sie fast da waren, bli**nk**te ein rotes Signal und die Bahnschra**nk**en se**nk**ten sich. „Nun müssen wir hier Wur**z**eln schlagen", beme**rk**te Fra**nk**. Endlich ging die Fahrt weiter. Auf einer Bi**rk**e sahen sie einen Fa**lk**en, der sich auf einmal im Stu**rz**flug nach unten fallen ließ. „Das war sta**rk**", staunte Fra**nk**. Als sie den Bauernhof erreichten, rannten Si**lk**e und Fra**nk** zu den Ställen. Hinter einem Ho**lz**gatter gru**nz**ten wi**nz**ige schwa**rz**e Ferkel und wä**lz**ten sich im Schlamm. Si**lk**e rief: „Die Ringelschwän**z**chen sehen u**lk**ig aus." Fra**nk** sagte sto**lz**: „Ich darf bestimmt einmal me**lk**en, Gemüse pfla**nz**en und Pi**lz**e suchen." (108 Wörter)

der Falke

der März

melken

pflanzen

der Pilz

das Salz

stark

ulkig

die Wurzel

zanken

① Markiere im Text alle **k** und den davor stehenden Laut rot. Ordne die gefundenen Wörter in die Tabelle. Du musst jedes Wort nur ein Mal schreiben.

lk	nk	rk
Silke	Frank	bemerkte
Falken	blinkte	Birke
ulkig	Bahnschranken	stark
melken	senkten	Ferkel

② Sprich die Wörter in der Tabelle deutlich. Setze das richtige Zeichen unter den Vokal (Selbstlaut): — oder •.

Der Vokal vor lk, nk, rk klingt immer <u>kurz</u>.

---

③ Markiere im Text alle **z** und den davor stehenden Laut grün. Ordne die gefundenen Wörter in die Tabelle. Du musst jedes Wort nur ein Mal schreiben.

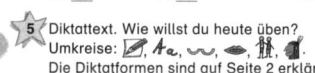

lz	nz	rz
Holzgatter	grunzten	März
wälzten	winzige	Wurzeln
stolz	Ringelschwänzchen	Sturzflug
Pilze	pflanzen	schwarze

④ Setze ein: ck, k, tz oder z.

Buchfin_k_	Pflan_z_e	Wer_k_	Gewür_z_
Bä_ck_er	Kran_z_	pla_tz_en	Pin_z_ette
Sal_z_	Pil_z_	Wol_k_e	zan_k_en

⑤ Diktattext. Wie willst du heute üben? Umkreise: . Die Diktatformen sind auf Seite 2 erklärt.

Im März waren Silke und Frank auf einem Bauernhof. Dort durften sie mit den Ferkeln spielen und die Kühe melken. Auch in der Küche durften sie helfen. Silke bereitete einen Auflauf aus Kartoffeln, Pilzen und Quark. Dazu gab es Gurkensalat. Frank stänkerte: „Hier fehlt das Salz." Nun zankten sich die beiden. Am Nachmittag band Silke einen Blumenkranz und bastelte eine Tasche aus Filz. Frank setzte sich lieber im Garten auf eine Bank und beobachtete einige Finken, die sich Wurzeln und Strohhalme zum Nestbau suchten. Jeden Abend tranken die Kinder frische Milch. (91 Wörter)

Früher in der Schule

Mein Großvater erzä**h**lt von seiner Schulzeit: „Unser Le**h**rer **h**at wirklich alles gese**h**en: wenn man mit dem Bleistift Löcher in den Radiergummi bo**h**rte, sich kurz zu seinem Freund umdre**h**te oder nicht me**h**r auf seinem Stu**h**l sitzen blieb. Wir fü**h**lten uns ständig beobachtet und durften uns kaum rü**h**ren. Er war se**h**r streng. Beim Sportunterricht sind wir immer kilometerweit durch den Wald gelaufen. Wir durften auch dann nicht umke**h**ren, wenn es **h**eftig zu regnen begann." **H**eute ist das zum Glück anders. Es gibt fast nur nette Le**h**rerinnen und Le**h**rer und die Kinder fü**h**len sich in der Schule wo**h**l. (99 Wörter)

bohren

ehrlich

erzählen

fühlen

der Lehm

der Lehrer

mehr

rühren

der Stuhl

umkehren

zahm

① Lies den Text laut. Markiere alle **h**, die du hören kannst (5).

Lies die h-Wörter deutlich in Silben.

② Markiere mit einer anderen Farbe alle stummen **h**.

③ Schreibe den Text ab. Tipps zum Abschreiben findest du auf Seite 2.

④ Kreuze alle richtigen Sätze an. Die Wörter im Wörterbaum helfen dir.

☒ Silben mit stummem h werden lang gesprochen.
☐ Silben mit stummem h werden kurz gesprochen.
☒ Nach einem stummen h finde ich meistens ein l, m, n oder r.
☐ Nach einem stummen h steht meistens ein Vokal (Selbstlaut).

---

⑤ Ordne die Wörter aus dem Wörterbaum in die richtigen Zeilen.

-hl- <u>erzählen, fühlen, Stuhl</u>

-hr- <u>bohren, ehrlich, Lehrer, mehr, rühren, umkehren</u>

-hm- <u>Lehm, zahm</u>

⑥ Noch mehr Wörter mit stummem h oder hörbarem h. Ordne in die richtige Spalte.

ehrlich, froh, geschehen, die Gefahr, sehen, der Hahn, die Kuh, mehr, fliehen, ziehen, stehen, ruhen, glühen, Lehm, zahm

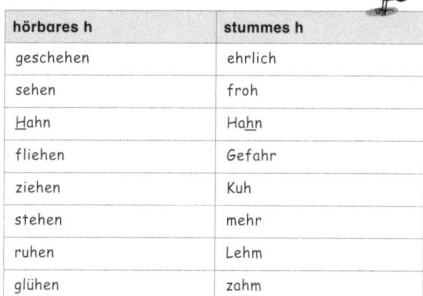

hörbares h	stummes h
geschehen	ehrlich
sehen	froh
Hahn	Hahn
fliehen	Gefahr
ziehen	Kuh
stehen	mehr
ruhen	Lehm
glühen	zahm

Seite 40 / 41

Die Diktatformen sind auf Seite 2 erklärt.

(7) Bilde sinnvolle Fragen und entscheide: war oder wahr?

> **Wahr** kommt von Wahrheit. **War** brauchst du, wenn du etwas aus der Vergangenheit beschreibst.

- das Ist war/wahr → Ist das wahr?
- wirklich das War/Wahr so → War das wirklich so?
- Traum ein war/wahr Wurde ihn für → Wurde ein Traum für ihn wahr?
- von Geschichten alle Opa war/wahr Sind → Sind alle Geschichten von Opa wahr?

Baum-Wörter: ähnlich · gefährlich · hohl · die Höhle · ihm · ihn · ungefähr · wahr · der Zahn

(8) In welche Wörter musst du ein stummes h einfügen? Ergänze die Lücken. Lass die anderen Lücken frei.

Wenn du deine Zä**h**ne nicht pfle___gst und dich ungesund ernä**h**rst, dro**h**t die Gefa**h**r von Ka___ries. E**h**rlich wa**h**r: In einen ho**h**len Za**h**n können Bakterien bis in die Za**h**nhö**h**le vordringen und ins Blu___t gelangen. Gehe ungefä**h**r zweimal im Ja**h**r zum Za**h**narzt – vor i**h**m brauchst du keine Angst haben.

(9) ihn/in oder ihm/im? Setze richtig ein. Markiere ihn/ihm gelb und in/im grün.

> Ihnen, ihn, ihm, ihr sind Personalpronomen. Sie stehen für Nomen.

Carlos ist [im] Hallenbad. Ich entdecke (ihn), als er gerade [im] Nichtschwimmerbecken planscht. Schnell laufe ich zu (ihm) und klettere [in] das Becken. Wir planschen [im] Wasser. Dann winkt (ihm) sein Papa vom Rand aus zu. Carlos läuft zu (ihm). Sein Vater trocknet (ihn) ab, dann verschwinden beide [in] der Umkleidekabine. Zum Duschen hat (ihm) seine Mutter Handtücher und Seife [in] die Tasche gepackt.

(10) Diktattext. Wie willst du heute üben? Umkreise: 📖 ✏ 〰 👂 🏃 🎯 Die Diktatformen sind auf Seite 2 erklärt.

Claudia hat Zahnweh. Ihr Vater meint mitfühlend: „Wir müssen zum Zahnarzt. Der hat mir neulich auch geholfen, als ich ähnliche Schmerzen hatte." Vor der Zahnarztpraxis will Claudia am liebsten wieder umkehren. Doch ihr Vater beruhigt sie und führt sie durch die Eingangstür zur Anmeldung. Nach ungefähr zehn Minuten ist Claudia an der Reihe. Der Arzt hilft ihr auf den großen Stuhl. Nach der Untersuchung meint er: „Ein Zahn hat ein Loch, da muss ich bohren, bis der Zahn hohl ist. Dann fülle ich ihn wieder und alles ist gut." Später erzählt Claudia: „Ehrlich, so schlimm war es gar nicht." (99 Wörter)

Wörter mit chs, ks, x

Seite 42 / 43

Hundeschule

„Trixi, du bist ein extrem braver Hund", sagt Alex und streichelt ihr liebevoll das Köpfchen. „Wenn du heute lernst, links und rechts zu unterscheiden, dann habe ich einen Keks extra für dich. Siehst du? Links ist der Fuchsbau. Rechts liegt die Axt. So, jetzt lauf ganz fix nach links!" Richtig gemacht! Trixi läuft zum Fuchsbau und bekommt ihre Belohnung. Vor Freude dreht sie sich um die eigene Achse. „Jetzt üben wir die Zahlen. Bring mir doch mal schnell sechs große Büchsen Lachs. Aber verwechsle nicht wieder Lachs mit Hundefutter! Ach so! Die Büchsen sind ja viel zu schwer für so ein kleines Hündchen." (104 Wörter)

Wörter am Rand: die Achse · die Axt · extra · extrem · der Fuchs · der Keks · das Lexikon · links · rechts · sechs · wachsen · wechseln

(1) Schreibe den Text ab. Tipps zum Abschreiben findest du auf Seite 2.

(2) Suche im Text alle Wörter mit chs, x und ks und trage sie in die richtigen Zeilen ein.

chs: Fuchsbau, Achse, sechs, Büchsen, Lachs, verwechsle

x: Trixi, extrem, Alex, extra, Axt, fix

ks: links, Keks

(3) Lies die Wörter aus Aufgabe 2 laut und höre auf chs, x und ks. Was stellst du fest?

Die Laute chs, x und ks klingen gleich.

(4) Rätsel: Setze chs, x oder ks ein und kreuze das richtige Wort an. Benutze das Wörterbuch, wenn du nicht sicher bist.

Welches Tier passt zur Kuh?
☐ der La**chs**   ☒ der O**chs**e   ☐ der Da**chs**   ☐ der Fu**chs**

Was sagt der verliebte **X**aver zur angebeteten Ale**x**andra?
☐ Du stin**ks**t!   ☒ Du bist e**x**trem hübsch.   ☐ Du hin**ks**t ja!

Wer kämpft in einem Bo**x**kampf?
☒ der starke Ale**x**   ☐ das Hündchen Tri**x**i

Was wä**chs**t im Gewä**chs**haus?
☐ eine A**x**t   ☐ ein Le**x**ikon   ☒ se**chs** Salatköpfe

(5) Diktattext. Wie willst du heute üben? Umkreise: 📖 ✏ 〰 👂 🏃 🎯 Die Diktatformen sind auf Seite 2 erklärt.

Mitten im Wald, wo die Fichten ganz dicht wachsen, steht ein mit bunten Keksen verziertes Hexenhaus. Fuchs und Dachs schleichen herbei und umrunden eine Axt, die neben einem schief gewachsenen Baum liegt. „Gehst du links herum, dann gehe ich rechts", flüstert der Dachs dem Fuchs extra leise zu. Der Fuchs lugt durch eines der sechs zugewachsenen Fenster. „Erschrick nicht, da sitzt die Hexe mit ihrem Zauberlexikon am Tisch! Links neben ihr siehst du ihren krächzenden Raben", warnt er den Dachs. Sie wechseln kurz einen Blick, dann schnappt sich jeder fix einen Keks und verschwindet wieder im Wald. (97 Wörter)

Das kleine Ferkel Valentin

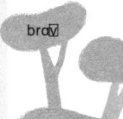

Das kleine Ferkel Valentin ist ein echtes Schlitzohr. Ständig versteckt es die Sachen seiner Familie oder geht seinen Geschwistern auf die Nerven. „Warum kannst du nicht so brav sein wie deine Brüder?", seufzt sein Vater verzweifelt. Aber seit November ist alles anders. Valentins Eltern sind verwirrt. „Ich verstehe nicht, warum er sich so verändert hat", grübelt seine Mutter. „Vielleicht ist er krank?" Valentin hat einen Strauß Veilchen gepflückt und in eine Vase gesteckt. Jetzt schleicht er vorsichtig um die Veranda herum. Dort sitzt das hübsche Ferkel Veronika mit ihrem violetten Haarreif. „Jetzt weiß ich, was mit ihm los ist!", ruft sein Vater. „Valentin ist verliebt!"

(109 Wörter)

① Schreibe den Text ab. Tipps zum Abschreiben findest du auf Seite 2.

② Unterstreiche im Text alle Wörter mit V/v. Markiere das V/v grün.

③ Lies die Wörter aus dem Wörterbaum laut. Wie klingt das V/v?
Markiere alle V/v, die sich wie f anhören, rot.
Markiere alle V/v, die sich wie w anhören, grün.

> Die Wörter mit V/v musst du dir merken, weil das v kein eigener Laut ist und sich mal wie f und mal wie w anhört.

Die Lösung kann im Dialekt oder bei individueller Sprachfärbung variieren.

Wörterbaum:
brav
der Nerv
der November
die Vase
die Veranda
verbieten
verlieren
verstecken
vielleicht
violett
vorne
vorsichtig

---

④ Welche Verben (Tunwörter) kannst du mit ver- bilden? Verbinde und schreibe auf.

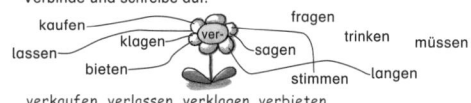

kaufen, fragen, klagen, lassen, bieten, ver-, sagen, trinken, müssen, stimmen, langen

verkaufen, verlassen, verklagen, verbieten,
versagen, verstimmen, verlangen

⑤ Bilde nun aus den Verben Nomen (Namenwörter) mit Ver-.

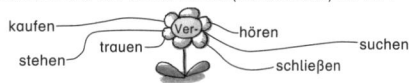

kaufen, trauen, stehen, Ver-, hören, suchen, schließen

Verschluss, Verkauf, Vertrauen, Verständnis,
Verhör, Versuch

6 Diktattext. Wie willst du heute üben?
Umkreise:
Die Diktatformen sind auf Seite 2 erklärt.

> ### Verena ist sauer.
> „Meine Mutter verbietet mir von November bis Februar, ohne Mütze aus dem Haus zu gehen. Das sind vier Monate, in denen ich dieses blöde Ding ständig tragen muss. Das nervt voll! Die Mütze ist violett und rosa gestreift und hat außerdem einen doofen Vogel vorne drauf. Könnt ihr euch das vielleicht vorstellen? Ich habe schon überlegt, sie einfach einmal zu verlieren oder sie irgendwo zu verstecken. Doch ich bin sicher, meine Mutter findet das hässliche Teil wieder. Aber da fällt mir etwas ein: Ich könnte mir doch zu Weihnachten eine neue Mütze wünschen. Was meint ihr?"

(99 Wörter)

Im Internet

Meine Eltern schimpfen immer, wenn ich den Computer oder meinen Laptop anschalte. Sie denken, dass ich sinnlos im Internet surfe. Doch das stimmt nicht.
Es gibt Internetseiten für Kinder, auf denen man viele interessante Dinge lesen kann. Gestern habe ich erfahren, dass Wörter wie Pyramide, Moschee, Theater oder Zirkus aus den Sprachen der Länder stammen, in denen diese Bauwerke erfunden wurden. Die Architekten haben diese Begriffe dann übernommen. „Moschee" stammt zum Beispiel aus dem Arabischen.
Natürlich mache ich auch mal Spiele. Oder ich schaue mir Comics an und verschicke E-Mails. Aber meistens informiere ich mich über Sachen, die mich interessieren.

(102 Wörter)

① Schreibe den Text ab. Tipps zum Abschreiben findest du auf Seite 2.

② Schreibe mindestens acht Fremdwörter auf, die du im Text findest.

Internet, Computer, Laptop,
surfe, interessant, Pyramide,
Moschee, Theater, Zirkus,
Architekten, Comics, E-Mails,
informiere

Wörterbaum:
die Architektur
der Comic
die E-Mail
das Handy
interessant
das Internet
der Laptop
die Moschee
die Pyramide
surfen
das Theater
der Zirkus

---

③ Setze die Wörter aus dem Wörterbaum sinnvoll ein.

Muslime gehen in die M o s c h e e, um zu beten.

Im Z i r k u s sieht man Seilkünstler und Löwenbändiger.

Am Samstag habe ich eine Vorstellung im T h e a t e r besucht.

Wenn man Informationen braucht, kann man im
I n t e r n e t nachschauen.

Viele Kinder finden Tierfilme sehr i n t e r e s s a n t.

Die Kunst, Bauwerke zu errichten, nennt man
A r c h i t e k t u r.

Mit einem Surfbrett kann ich auf dem Wasser s u r f e n.

E - M a i l s kann ich am Computer schreiben und verschicken.

Zum Geburtstag habe ich ein eigenes H a n d y geschenkt bekommen.

④ Schreibe die richtigen Wörter zu den Bildern.

 Pyramide

 Pizza

 Baby

 Laptop

 Clown

 Handy

⑤ Kreuzworträtsel. Trage die richtigen Antworten in Großbuchstaben ein.

1) Säugling
2) kann ein Namenwort ersetzen
3) tritt im Zirkus auf
4) Messgerät für Temperatur
5) Begleiter eines Namenwortes
6) Einheit unter einem Euro
7) Namenwort
8) Wiewort
9) elektronisches Arbeitsgerät
10) Form mit vier gleichen Seiten
11) Tunwort

1) B A B Y
2) P R O N O M E N
3) C L O W N
4) T H E R M O M E T E R
5) A R T I K E L
6) C E N T
7) N O M E N
8) A D J E K T I V
9) C O M P U T E R
10) Q U A D R A T
11) V E R B

Lösungswort: Architektur

das Adjektiv
der Artikel
das Baby
der Cent
der Clown
informieren
das Nomen
das Pronomen
der Quader
das Quadrat
das Radio
das Verb

⑥ Suche zu den angegebenen Oberbegriffen mindestens zwei passende Wörter aus den Wörterbäumen auf dieser und der vorhergehenden Seite.

Gebäude: Moschee, Pyramide, Theater, Zirkus

Technik: E-Mail, Handy, Internet, Laptop, Radio

Grammatik: Adjektiv, Artikel, Nomen, Pronomen, Verb

Geometrie: Quader, Quadrat

Menschen: Baby, Clown

⑦ Diktattext. Wie willst du heute üben?
Umkreise:
Die Diktatformen sind auf Seite 2 erklärt.

Unser Opa fragt immer nach, wenn wir Fremdwörter benutzen. Er weiß natürlich, was ein Baby oder ein Clown ist. Auch Wörter wie Radio, Quadrat, Theater und Spagetti benutzt er.
Doch als sich Anna neulich einen Laptop wünschte, wusste Opa nicht, wovon sie sprach. „Das Wort Laptop kommt vom englischen Wort ‚lap' – der Schoß. Das ist also ein Computer, den man auf dem Schoß halten kann", erklärte Anna.
Wir zeigten Opa, was man im Internet alles machen kann. Er fand viele Dinge interessant. Besonders begeistert war er von E-Mails, weil man damit nicht mehr wegen jeder Kleinigkeit zur Post rennen muss. (100 Wörter)

Groß- und Kleinschreibung von Tageszeiten und Wochentagen

Die Übernachtung
Meine Eltern gehen samstags immer aus. Meistens bin ich dann allein zu Hause. Aber an diesem Samstagabend sind meine Freundinnen Gesine und Svenja da. Sie kommen schon am Nachmittag und bleiben über Nacht bei mir. Zuerst wollen wir „Stadt, Land, Fluss" spielen. Gestern habe ich eine DVD von den „Fünf Freunden" bekommen. Die werden wir uns abends anschauen.
Wir wollen nachts nicht schlafen. Wir wollen uns die ganze Nacht im Bett unterhalten. Ich freue mich schon sehr auf den Abend!
Gesine wird morgen schon mittags abgeholt, Svenja bleibt sogar bis zum Nachmittag. (94 Wörter)

① Du findest im Text verschiedene Ausdrücke, in denen ein Tag, eine Tageszeit oder eine Zeitangabe (heute, morgen, …) vorkommt. Suche und markiere sie (12).

Regel 1: Wochentage (Montag, Dienstag, …) und genau benannte Tageszeiten (der Abend, der Morgen, die Mittagszeit) werden großgeschrieben.

Regel 2: Wochentage und Tageszeiten, an die ein -s angehängt wird, werden kleingeschrieben (montags, dienstags, morgens, mittags …).

② Forme die Tageszeit um. Achte auf die Groß- und Kleinschreibung.

morgens – am Morgen
abends – am Abend
nachts – in der Nacht
mittags – am Mittag
sonntags – am Sonntag

der Abend
abends
gestern
der Morgen
morgen
morgens
der Nachmittag
nachmittags
die Nacht
nachts

③ Morgen oder morgen? Entscheide, wann du groß- oder kleinschreiben musst.

Der Tag heute begann mit einem sonnigen
_____Morgen_____ . Ich machte mich
gleich auf den Weg ins Freibad.
Wenn es _____morgen_____ regnen sollte,
gehe ich ins Kino. Dann muss ich aber am
_____Morgen_____ beim Frühstück noch ins
Kinoprogramm schauen.
Sollte es aber _____morgen_____ schön sein, packe ich wieder
meine Schwimmsachen zusammen. Denn wie sagt man so
schön: _____Morgen_____ stund' hat Gold im Mund.

Regel 3: Meinst du mit „morgen" den nächsten Tag, schreibst du „morgen" klein.

④ Diktattext. Wie willst du heute üben?
Umkreise: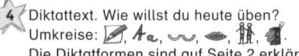
Die Diktatformen sind auf Seite 2 erklärt.

Letzten Samstag hatte mein kleiner Bruder Ludwig Geburtstag. Er war total nervös! Am Dienstag zählte er seine sieben Freunde auf, die er eingeladen hatte. Bereits mittwochs sollte meine Mutter den Kuchen backen. Am Freitag aber kam der Höhepunkt: Er wollte den ganzen Vormittag nicht in die Schule gehen, um zu Hause schon alles vorzubereiten. Mama meinte: „Es reicht, wenn wir das abends und am Samstagmorgen machen." Bis spät in der Nacht war er wach und dann kam er morgens um fünf Uhr zu mir ins Bett gekrochen. „Herzlichen Glückwunsch, lieber Ludwig", flüsterte ich ihm ins Ohr. (96 Wörter)

Die Verabredung

Robert: Was machst du heute Abend?

David: Nichts Tolles, vielleicht schaue ich fern.

Robert: David, das ewige Glotzen ist ungesund! Komm lieber zu mir zum Spielen. Außerdem habe ich viel Süßes zum Geburtstag bekommen.

David: Und das ist nichts Ungesundes? Na ja, meine Mama erlaubt mir nicht, im Dunkeln nach Hause zu gehen.

Robert: Dann bleib doch gleich über Nacht! Vielleicht darfst du ja?

David: Gute Idee! Das ist kein Problem. Ich bin gut im Überreden.

Eine Minute später.

David: Es klappt! Ich darf zu dir zum Übernachten kommen. Ob wir überhaupt zum Schlafen kommen werden? Du weißt ja, ich bin der Meister im Aufbleiben.

(107 Wörter)

① Schreibe ab, was David sagt.
Tipps zum Abschreiben findest du auf Seite 2.

> Die Wörter alles, etwas, viel und nichts verwandeln Adjektive in Nomen.

② In den folgenden Sätzen findest du viele Adjektive (Wiewörter), aus denen Nomen (Namenwörter) geworden sind.
Unterstreiche diese Nomen und schreibe sie wie im Beispiel auf.

Ich habe heute *nichts* <u>Tolles</u> gemacht.   toll – nichts Tolles

Auf der Party gibt es *viel* <u>Süßes</u>.   süß – viel Süßes

Ein Quadrat hat *nichts* <u>Rundes</u>.   rund – nichts Rundes

Hast du *etwas* <u>Neues</u> gehört?   neu – etwas Neues

Alles <u>Gute</u> kommt von oben.   gut – alles Gute

52

③ Ergänze die Sätze mit den angegebenen Adjektiven.
Unterstreiche die Wörter, die aus Adjektiven Nomen machen.

Ich wünsche dir zum Geburtstag <u>alles</u>   Liebe   und   Gute   . (lieb, gut)

Ich muss dir *etwas*   Schönes   erzählen. (schön)

Hoffentlich erlebst du auf der Party *viel*   Lustiges   ! (lustig)

Wenn ich *etwas*   Trauriges   höre, kommen mir die Tränen. (traurig)

In der Schule gibt es *nichts*   Neues   . (neu)

Hast du <u>alles</u>   Wichtige   aufgeschrieben? (wichtig)

Im Urlaub haben wir *viel*   Aufregendes   erlebt. (aufregend)

> Artikel machen aus Adjektiven Nomen.
> Das gilt auch für verschmolzene Wörter, z. B.
> vom (= von **dem**), zum (= zu **dem**) oder im (= in **dem**).

④ Forme die Sätze um. Mache aus den Adjektiven mithilfe von Artikeln oder „im" Nomen.

Wenn es dunkel ist, habe ich Angst.

Im Dunkeln habe ich Angst.

Wenn es hell ist, braucht man kein elektrisches Licht.

Im Hellen braucht man kein elektrisches Licht.

Schön sind die Pausen.

Das Schöne sind die Pausen.

Gut und böse ist nicht immer leicht zu trennen.

Das Gute und das Böse ist nicht immer leicht zu trennen.

⑤ Unterstreiche in jeder Zeile das großgeschriebene Verb (Tunwort).
Umkreise dann das Wort, das zur Großschreibung führt.

David ist gut (im) <u>Überreden</u>.

(Das) ewige <u>Glotzen</u> ist ungesund.

David kommt (zum) <u>Übernachten</u>.

Robert kann gut rechnen, aber (das) <u>Schreiben</u> fällt ihm schwer.

Papa kocht gern, aber (das) <u>Putzen</u> mag er gar nicht.

Mama arbeitet im Büro, (vom) <u>Lesen</u> am Bildschirm tun ihr die Augen weh.

Was höre ich da? Das ist (ein) lautes <u>Klopfen</u>.

Was machst du denn da? Das ist ja (zum) <u>Lachen</u>!

⑥ Entscheide: Klein- oder Großschreibung? Streiche das falsch geschriebene Wort durch.
Vergleiche mit der Lösung und schreibe die Sätze als Würfeldiktat. Das Würfeldiktat ist auf Seite 2 erklärt.

Tom geht gerne schwimmen / ~~Schwimmen~~.

Das ~~lesen~~ / Lesen von längeren Texten fällt mir schwer.

Heute ist den ganzen Tag über nichts ~~spannendes~~ / Spannendes passiert.

Die Kinder dürfen nicht auf dem Rasen spielen / ~~Spielen~~.

Gestern hat Laura in der Schule etwas ~~eigenartiges~~ / Eigenartiges beobachtet.

Hast du heute viel ~~neues~~ / Neues gelernt?

54

⑦ Verwandle die markierten Nomen (Namenwörter) in Verben zurück.

> So hört es sich doch eigentlich besser an!

Das Aufschreiben von Hausaufgaben ...

Hausaufgaben aufschreiben

Das Aufstehen am Morgen ...

am Morgen aufstehen

Das Wickeln von Säuglingen ...

Säuglinge wickeln

Das Singen von Liedern ...

Lieder singen

⑧ Diktattext. Wie willst du heute üben?
Umkreise: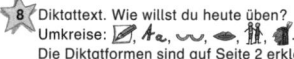
Die Diktatformen sind auf Seite 2 erklärt.

Die Schule macht Paul gar keinen Spaß. Ganz schlimm ist für ihn das Aufschreiben der Hausaufgaben am Ende des Unterrichts. Dabei denkt er sofort daran, wie ihm das Rechnen und das Schreiben am Nachmittag wieder die ganze Freizeit verderben werden. „Es kann nichts Gutes bei dieser ewigen Schreiberei herauskommen", denkt Paul sich jeden Tag. Viel mehr Freude würde ihm das Spielen mit seinen Freunden machen.
„Beeil dich!", ruft Michael durch das Fenster. „Ich warte schon auf dich." Da kommt Bewegung in die Sache. Endlich etwas Schönes! Paul rechnet schnell seine Malaufgaben fertig und klappt das Heft zu.

(97 Wörter)

Mein Referat

Als meine Lehrerin neulich sagte, dass ich ein Referat über mein Bundesland halten solle, habe ich mich zu Hause sofort an die Arbeit gemacht. Praktisch war, dass ich dafür meinen Computer und das Internet benutzen konnte und nicht extra mit dem Bus zur Bücherei fahren musste. Ich habe erfahren, dass wir ein interessantes Wappen haben, dass es noch 15 andere Bundesländer gibt und dass ich in der Hauptstadt meines Bundeslandes lebe. Toll, dass ich viele Bilder gefunden habe, die ich ausdrucken konnte. Damit habe ich ein Plakat gestaltet, das gut zu meinem Vortrag passte. Meine Mitschüler sagten mir, dass das Referat super war. *(105 Wörter)*

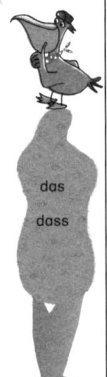

das oder dass?
Das findest du mit der Ersatzprobe schnell heraus!

Mit der Ersatzprobe kannst du *das* und *dass* unterscheiden: Für ‚das' kannst du ‚dieses' oder ‚welches' einsetzen. Für ‚dass' geht das nicht. Beispiele:

Das Spiel finde ich toll. → Dieses Spiel finde ich toll.

Ich weiß, dass es dir Spaß macht. → ‚dass' kann ich nicht durch ‚dieses' oder ‚welches' ersetzen.

① Jetzt kannst du selbst ausprobieren.
Mache die Ersatzprobe mit ‚dieses' oder ‚welches' und fülle die Lücken mit das (3) oder dass (2).

__Das__ Referat war interessant. Besonders gut fand ich, __dass__ du ein Plakat gemacht hast.

__Das__ Buch, über __das__ du gesprochen hast, finde ich spannend. Ich meine aber, __dass__ du in einem Referat etwas freier sprechen solltest.

das
dass

---

② Kreuze diejenigen Sätze an, in denen das und dass richtig verwendet wird (3) und berichtige, wenn nötig (3).

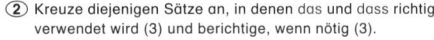

Ich finde, daß die Ferien immer viel zu kurz sind. ☐ *(ss)*

Das Referat lief heute richtig gut. ☒

Besonders toll fanden die Schüler, dass sie am Computer arbeiten durften. ☒

Ich freue mich schon auf dass Wochenende. ☐ *(s)*

Hast du das Rätsel schon gelöst? ☒

Das sie nicht auf dem Rasen spielen dürfen, ärgert die Kinder. ☐ *(ss)*

③ Kontrolliere die Sätze aus Aufgabe 2 mit der Lösung. Schreibe dann die Sätze als Würfeldiktat. Das Würfeldiktat ist auf Seite 2 erklärt.

④ Diktattext. Wie willst du heute üben? Umkreise:
Die Diktatformen sind auf Seite 2 erklärt.

Die Lehrerin der 4. Klasse macht einen Vorschlag: „Ich finde, dass wir am Ende des Schuljahres einen Ausflug machen könnten." Die Kinder jubeln. „Gehen wir doch zelten, das haben wir noch nie gemacht", ruft Julia. Stefan schlägt vor, dass man zum See wandern könnte. „Dann wäre es schön, zu baden und am Ufer zu grillen. Ich bitte meinen Vater, dass er uns mit dem Feuer hilft", fällt Uli ein. „Prima, er kann das Brennholz tragen", meint die Lehrerin. Aufgeregt sprechen die Kinder über das tolle Ereignis, das bald ansteht. „Ich wette, dass ich nachts im Zelt Angst bekomme", fügt Anne leise hinzu. *(102 Wörter)*

Mit diesen Texten kannst du weiter üben, bis du ein echter **Diktat-Stars-Profi** bist!

So kannst du üben:

Der Schulgarten

Im Herbst erfolgt die letzte Arbeit im Schulgarten. Die Kinder treffen sich hinter dem Schulhaus. Franz sagt: „Schaut mal, an dem Stamm der Birke wächst ein kleiner Pilz." Dann beginnen die Kinder mit der Arbeit.

Zuerst befreien sie die Beete von verwelkten Blüten und herabgefallenem Laub. Danach lockern sie die Erde mit einer Harke und arbeiten Kompost ein.

Einige graben die kleinen Löcher, andere legen die Blumenzwiebeln hinein und wieder andere füllen die Löcher mit Erde. Schließlich sind die Kinder fertig. Nun freuen sich die kleinen Gärtner auf das Frühjahr, um die Blumen in voller Blüte bestaunen zu können. *(101 Wörter)*

Schulfest

Mitte März fand wieder das alljährliche Frühlingsfest statt. Davor gab es viel zu tun. Die Klassenzimmer wurden geputzt, Tänze und Musikstücke wurden fleißig geprobt und die Werkgruppe schmückte das ganze Schulhaus mit bunten Kränzen.

Endlich war der lang ersehnte Tag da. Schon eine Stunde vor Beginn kamen die ersten Zuschauer und nahmen in der Turnhalle Platz. Bald waren die Stühle besetzt. Der Direktor begrüßte die Zuschauer und führte durch das Programm.

Alles lief wie am Schnürchen und das Publikum klatschte begeistert Beifall. Am Ende sagte der Direktor: „Danke für Ihren Applaus, das ist der beste Lohn für die Künstler." *(101 Wörter)*

Am Teich

Die Kinder der Klasse 4a machen einen Unterrichtsgang zum Teich. In ihrem Gepäck befinden sich: fünf Becherlupen, fünf kleine Eimer, zehn Kescher, zwei Bestimmungsbücher, Schreibblöcke und Stifte.

Am Teich hören sie schon die Frösche quaken. Mit Gummistiefeln steigen sie vorsichtig ins Wasser und füllen die Eimer. Im Wasser bewegen sich die Kinder ganz langsam und ruhig, damit die Frösche nicht erschrecken und weghüpfen.

Endlich ist Markus erfolgreich. In seinem Kescher befinden sich sieben Kaulquappen. Behutsam lässt er die Kaulquappen aus seinem Kescher in einen Eimer gleiten. Jetzt können alle die Tiere genau beobachten. Die Kaulquappen besitzen einen Ruderschwanz mit Flossensaum, der eine schnelle Fortbewegung im Wasser ermöglicht. *(109 Wörter)*

Freunde

Klara wohnt in einem kleinen Haus auf dem Land, Simon in einem Mietshaus in der Stadtmitte. Sie treffen sich oft am Nachmittag, um entweder bei Klara oder bei Simon zu spielen.

In der Stadt gehen sie oft in den Park auf einen Spielplatz. Auf dem Land spielen sie draußen in der Natur. Dort finden sie genug Platz, um Verstecken oder Ball zu spielen oder sie fahren mit den Fahrrädern in den Wald an einen See.

Im Sommer können sie baden und im Winter, wenn es kalt genug ist, Schlittschuh fahren. Aber es ist ganz gleich was sie tun, zusammen haben sie immer viel Spaß. *(105 Wörter)*

Der Wasserkreislauf

Durch die Wärme der Sonne verdunstet auf der Erde Wasser. Dabei verlassen winzige Wasserteilchen die Wasseroberfläche. Das ist der Wasserdampf. Wasserdampf besteht also aus vielen unsichtbaren Teilchen.

Diese kleinen Wasserteilchen steigen mit der warmen Luft nach oben. Je wärmer die Luft ist, umso mehr Wasserteilchen können aufsteigen. Oben kühlen die Luftmassen ab und die Wasserteilchen verdichten sich wieder. An den Staubteilchen in der Luft bildet sich der Dampf zurück zu Wassertröpfchen.

Unzählige dieser Tröpfchen bilden eine Wolke. Kühlt die Luft noch mehr ab, so rücken die Teilchen noch dichter zusammen. Bald sind sie zu schwer, um in der Luft zu schweben. Es fängt an zu regnen.

(108 Wörter)

Feueralarm

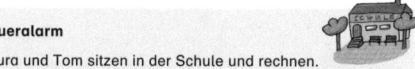

Laura und Tom sitzen in der Schule und rechnen. Plötzlich ertönt der Feueralarm. Sofort lassen die Kinder alles stehen und liegen und stellen sich in einer Zweierreihe an. Zwei Kinder überprüfen, ob alle Fenster geschlossen sind. Die Lehrerin schaltet das Licht ein, dann führt sie die Klasse hinaus auf den Gang.
Die letzten beiden Kinder schließen die Klassenzimmertüren.

Nun müssen die Schüler durch den Hauptausgang auf den Pausenhof. Sie haben den Fluchtweg gut geübt, deshalb erreichen sie schnell ihren zugewiesenen Platz.

Nachdem alle das Schulhaus verlassen haben, ertönt eine Durchsage des Rektors: „Das war nur ein Probealarm, aber ihr habt es toll gemacht."

(104 Wörter)

Auf dem Tennisplatz

Meine ganze Familie hat ein besonderes Hobby: Wir spielen alle leidenschaftlich gern Tennis. Ich habe erst vor einem Jahr damit begonnen.

Jeden Dienstagnachmittag habe ich mit meinen Freunden eine Stunde lang Training. Dann üben wir Vorhand und Rückhand. Besonders viel Spaß macht mir der Aufschlag. Da versuche ich den Ball so über das Netz zu donnern, dass ihn mein Gegner gar nicht erwischen kann.

Am Samstag kommen meine Eltern mit auf den Tennisplatz. Mein Papa übt mit mir und Mama mit meiner Schwester Maria. Manchmal spielen wir danach noch ein Doppel. Papa und ich gewinnen meistens haushoch.

(100 Wörter)

Beim Einkaufen

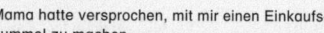

Mama hatte versprochen, mit mir einen Einkaufsbummel zu machen.
Nach dem Frühstück marschierten wir los. Gleich im ersten Geschäft entdeckte ich eine knallrote Sonnenbrille und Mama probierte grüne Sandalen.

Da sah ich plötzlich ein klasse T-Shirt mit der englischen Flagge auf dem Rücken. „Zieh es erst einmal an", riet mir meine Mutter, „damit wir wissen, ob es dir überhaupt passt." Ich verschwand in der Umkleidekabine. Leider war es viel zu eng und zwickte. Wir machten uns weiter auf die Suche und wurden schließlich fündig.

Erschöpft aber glücklich und mit vielen Tüten bepackt, ließen wir uns am Ende des Tages in die Stühle einer Eisdiele fallen.

(107 Wörter)

Hinter der Neubausiedlung

Heute radle ich mit meinen Freunden gleich nach der Schule auf das große Gelände hinter der Neubausiedlung. Dort kann man zum Beispiel Fußball spielen oder mit den Rädern über Erdhügel und Kiesberge brettern.

Morgen wollen wir beginnen, eine Hütte zu bauen, in der wir uns immer wieder treffen können. Wir haben schon einige Tage lang Äste und Bretter gesammelt. Vielleicht gründen wir auch eine Bande.

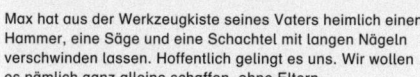

Max hat aus der Werkzeugkiste seines Vaters heimlich einen Hammer, eine Säge und eine Schachtel mit langen Nägeln verschwinden lassen. Hoffentlich gelingt es uns. Wir wollen es nämlich ganz alleine schaffen, ohne Eltern.

(101 Wörter)

In der Molkerei

Wie wird eigentlich Joghurt (Jogurt) gemacht? Um diese Frage zu beantworten, besucht Eva heute mit ihrer Klasse eine Molkerei. Draußen kann man sehen, wie große Kühlwagen die frische Milch anliefern.

Im Molkereigebäude wird die Milch zuerst in großen Behältern kurz auf 90 Grad erhitzt, um Keime abzutöten. Dann lässt man sie auf 44 Grad abkühlen und gibt Bakterien dazu. Nun muss die Milch ungefähr acht Stunden bei gleichbleibender Wärme ruhen. Dann ist der Joghurt fertig, wird in Becher abgefüllt und verkauft.

Eva schreibt fleißig jeden Produktionsschritt auf. Die Kinder dürfen noch Joghurt probieren. Eva schmeckt der mit den Erdbeeren am besten.

(104 Wörter)

Eis essen mit Oma

Heute wollen Oma und ich ein Eis essen gehen. Die Eisdiele ist nicht weit entfernt und so machen wir uns zu Fuß auf den Weg.

Ich freue mich schon auf ein Nusseis mit Schokosoße! Oma hat für meine Ungeduld Verständnis und lässt mich zur Eisdiele vorlaufen. Sie kommt gemütlich hinter mir her. Wir begrüßen Mario, den Eismann, und setzen uns an einen schönen Platz direkt am Fenster.

Oma bestellt mir ein Glas Orangensaft und den Nussbecher. Ich weiß genau, was Oma will: Sie liebt den „Mario-Spezial-Becher". Was genau drin ist, bleibt Marios Geheimnis.

(97 Wörter)

Sommergewitter

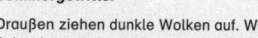
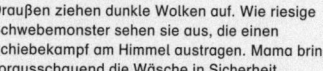

Draußen ziehen dunkle Wolken auf. Wie riesige Schwebemonster sehen sie aus, die einen Schiebekampf am Himmel austragen. Mama bringt vorausschauend die Wäsche in Sicherheit.

Da geht es auch schon los. Schwere Tropfen prasseln mit lautem Platschen auf die Erde. Wir drücken unsere Nasen an den Fensterscheiben platt und beobachten aufgeregt, wie sich Bäume und Sträucher im Sturm biegen. Plötzlich bricht ein gewaltiger Blitz durch die Wolkenwand und schlägt mit lautem Knall in der Nachbarschaft ein.

Schnell zählen wir die Sekunden, bis der Donner zu hören ist. Das Gewitter ist direkt über uns. Zum Glück zieht es aber genauso schnell fort, wie es gekommen ist. Draußen ist die Luft jetzt angenehm frisch und klar.

(114 Wörter)

Ferien

Letztes Jahr sind wir in den Ferien nach Gran Canaria geflogen. Vom Flughafen fuhren wir mit einem Kleinbus zum Hotel. Dort meldeten wir uns an der Rezeption an und wurden zu unseren Zimmern geführt.
Die schweren Koffer kamen auf einen Rollwagen.

Mein Bruder und ich machten große Augen, als wir unsere Unterkunft genauer erkundeten. Draußen gab es mehrere Schwimmbecken. Eins war weniger tief und nur für Kinder.

Für die Erwachsenen gab es viele Sonnenliegen und einen extra Ruhebereich. „Springen verboten" stand da auf einem Schild. Das machte uns aber nichts aus, denn wir entdeckten schnell den Spielplatz mit der Kinderbetreuung. Dort haben wir den ganzen Urlaub über gespielt.

(109 Wörter)

Im Zoo

Am Freitag macht Lotte mit ihrer Familie einen Ausflug in den Zoo. „So etwas Langweiliges", mault Lotte. Viel lieber würde sie ins Schwimmbad gehen. Aber alles Jammern und Klagen hilft nichts.

Gleich morgens in der Früh fahren sie los. Im Zoo

angekommen, laufen ihre Brüder zu den Elefanten. Lotte besucht lieber die Affen. Bei denen ist doch immer am meisten los.

Lotte schaut ihnen den ganzen Tag beim Spielen, beim Streiten und beim Essen zu. Sie ist richtig traurig, als sie abends wieder nach Hause fahren. „Na Lotte, willst du nächsten Freitag wieder in den Zoo fahren?", fragt ihre Mutter. „Nein", antwortet Lotte. „Aber ich will einen Affen haben."

(111 Wörter)

④ Unterstreiche die verwandten Wörter in der gleichen Farbe und schreibe sie geordnet auf. Markiere dann den Wortstamm.

deutlich, hängen, befeuchten, die Zahl, die Hänge, erzählen, die Bedeutung, feucht, die Feuchtigkeit, deuten, die Erzählung, der Hang

> Das ist für uns nicht neu – der Wortstamm ändert sich nicht bei Wörtern mit e und eu.

_____

_____

_____

_____

5 Diktattext. Wie willst du heute üben?
Umkreise: .
Die Diktatformen sind auf Seite 2 erklärt.

Heute haben die Kinder ihre Fahrradprüfung.
Zuerst dürfen sie sich ein Rad auswählen.
Dann erklären die Polizisten ihnen die Strecke.
Bei den feuchten und glatten Fahrbahnen ist
es gefährlich, um die Kurven zu steuern. Die
Polizisten machen den Kindern deutlich, wie
wichtig es ist, aufzupassen und nicht zu träumen.
Dann fängt die Prüfung an. Abwechselnd
fahren die Kinder kreuz und quer über das Gelände.
Alle strengen sich an. Bald haben sie es geschafft. Zum
Schluss bekommen sie ihre Fahrradpässe ausgehändigt.
Freudig hängen die Kinder ihre Plaketten um und
erzählen zu Hause ihren Eltern von dem spannenden Tag.

(97 Wörter)

Die Detektive

Wilhelm und Johanna spielen Detektive.
Dazu ziehen sie sich schwarze Umhänge an. „Jetzt
brauchen wir noch schwarze Hüte", meint Wilhelm.
„Vielleicht kann Mutter welche nähen", schlägt
Johanna vor. Aber Wilhelm winkt ab: „Wir können
sie nicht fragen, sonst ist unser Auftrag nicht mehr
geheim." Wilhelm und Johanna geben sich Mühe
den Gummibärendieb aufzuspüren. Ihm droht eine
harte Strafe. Am Abend legen sie sich in der Küche
auf die Lauer. Noch ist alles ruhig, aber bald hören
sie ein Geräusch. Sofort drehen sie das Licht an und
sehen den Übeltäter. Es ist ihr kleiner Bruder Max.
Er versucht zu fliehen, aber es ist zu spät. (106 Wörter)

drehen

drohen

fliehen

die Freihe

geheim

die Mühe

nähen

die Ruhe

ziehen

1 Schreibe den Text ab. Tipps zum Abschreiben
findest du auf Seite 2.

2 Schreibe zu folgenden Wörtern das Nomen
(Namenwort) in Silben und markiere darin das h.

er zieht – die Zie-hung

du bemühst – die _____

es bläht – die _____

er droht – die _____

sie dreht – die _____

3 Bilde die Mehrzahl.

der Schuh _____ die Kuh _____

der Zeh _____ das Reh _____

der Floh _____ das Geweih _____

 (4) Schreibe die Grundform der Wörter in Silben in die erste
Spalte und markiere das h. Ordne das Wort richtig ein.

er fleht	sie fehlt	er sehnt
sie ruht	er fährt	ihr seht

Grundform	silbentrennendes h	stummes h
fle - hen	er fleht	–

5 Diktattext. Wie willst du heute üben?
Umkreise: .
Die Diktatformen sind auf Seite 2 erklärt.

 Wilhelm und Johanna führen einen geheimen Auftrag
aus. Sie geben sich große Mühe den Dieb zu erwischen.
In aller Ruhe legen sie sich in der Nähe der Süßigkeiten
auf die Lauer. Als sie ein Geräusch hören, drohen sie:
„Halt! Stehen bleiben! Wenn du fliehst, droht dir eine
harte Strafe. Wenn du dich ergibst, geschieht dir nichts."
Dann drehen sie das Licht an. Da steht der Hund Bruno.
„Bruno war es bestimmt nicht", meint Johanna. „Er ist
so lieb." Doch da schmatzt Bruno leise. Da sieht man es
mal: Auch Hunde stehlen manchmal.   (92 Wörter)

Auf dem Bauernhof

Frank und Silke fuhren Ende März mit ihren Eltern
auf einen Bauernhof. Als sie fast da waren, blinkte
ein rotes Signal und die Bahnschranken senkten
sich. „Nun müssen wir hier Wurzeln schlagen",
bemerkte Frank. Endlich ging die Fahrt weiter.
Auf einer Birke sahen sie einen Falken, der sich
auf einmal im Sturzflug nach unten fallen ließ.
„Das war stark", staunte Frank. Als sie den Bauernhof erreichten, rannten Silke und Frank zu den
Ställen. Hinter einem Holzgatter grunzten winzige
schwarze Ferkel und wälzten sich im Schlamm.
Silke rief: „Die Ringelschwänzchen sehen ulkig aus."
Frank sagte stolz: „Ich darf bestimmt einmal melken,
Gemüse pflanzen und Pilze suchen." (108 Wörter)

der Falke

der März

melken

pflanzen

der Pilz

das Salz

stark

ulkig

die Wurzel

zanken

① Markiere im Text alle k und den davor stehenden Laut
rot. Ordne die gefundenen Wörter in die Tabelle.
Du musst jedes Wort nur ein Mal schreiben.

lk	nk	rk

② Sprich die Wörter in der Tabelle deutlich. Setze das
richtige Zeichen unter den Vokal (Selbstlaut):
▬ oder ⚬.

Der Vokal vor lk, nk, rk klingt immer _____.

3 Markiere im Text alle z und den davor stehenden Laut grün.
Ordne die gefundenen Wörter in die Tabelle.
Du musst jedes Wort nur ein Mal schreiben.

lz	nz	rz

4 Setze ein: ck, k, tz oder z.

Buchfin___   Pflan___e   Wer___   Gewür___

Bä___er   Kran___   pla___en   Pin___ette

Sal___   Pil___   Wol___e   zan___en

5 Diktattext. Wie willst du heute üben?
Umkreise: 📝, 𝐴𝑎, 〰, 👄, 👫, 🪶.
Die Diktatformen sind auf Seite 2 erklärt.

Im März waren Silke und Frank auf einem Bauernhof.
Dort durften sie mit den Ferkeln spielen und die Kühe
melken. Auch in der Küche durften sie helfen. Silke
bereitete einen Auflauf aus Kartoffeln, Pilzen und Quark.
Dazu gab es Gurkensalat. Frank stänkerte: „Hier fehlt
das Salz." Nun zankten sich die beiden. Am Nachmittag
band Silke einen Blumenkranz und bastelte eine Tasche
aus Filz. Frank setzte sich lieber im Garten auf eine Bank
und beobachtete einige Finken, die sich Wurzeln und
Strohhalme zum Nestbau suchten. Jeden Abend tranken
die Kinder frische Milch.   (91 Wörter)

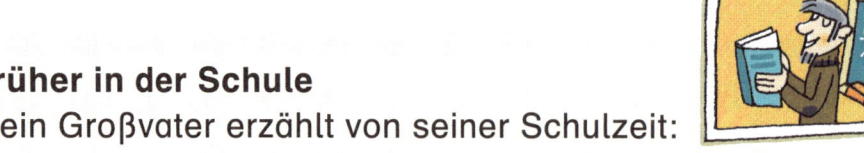

Früher in der Schule

Mein Großvater erzählt von seiner Schulzeit:
„Unser Lehrer hat wirklich alles gesehen: wenn man
mit dem Bleistift Löcher in den Radiergummi bohrte,
sich kurz zu seinem Freund umdrehte oder nicht
mehr auf seinem Stuhl sitzen blieb. Wir fühlten uns
ständig beobachtet und durften uns kaum rühren.
Er war sehr streng. Beim Sportunterricht sind wir
immer kilometerweit durch den Wald gelaufen. Wir
durften auch dann nicht umkehren, wenn es heftig
zu regnen begann."
Heute ist das zum Glück anders. Es gibt fast nur
nette Lehrerinnen und Lehrer und die Kinder fühlen
sich in der Schule wohl.   (99 Wörter)

bohren

ehrlich

erzählen

fühlen

der Lehm

der Lehrer

mehr

rühren

der Stuhl

umkehren

zahm

1 Lies den Text laut. Markiere alle h, die du hören
kannst (5).

> Lies die h-Wörter deutlich
> in Silben.

2 Markiere mit einer anderen Farbe alle stummen h.

3 Schreibe den Text ab. Tipps zum Abschreiben
findest du auf Seite 2.

4 Kreuze alle richtigen Sätze an. Die Wörter im
Wörterbaum helfen dir.

☐ Silben mit stummem h werden lang gesprochen.
☐ Silben mit stummem h werden kurz gesprochen.
☐ Nach einem stummen h finde ich meistens ein
l, m, n oder r.
☐ Nach einem stummen h steht meistens ein
Vokal (Selbstlaut).

5 Ordne die Wörter aus dem Wörterbaum in die richtigen Zeilen.

-hl- _____

_____

-hr- _____

_____

-hm- _____

6 Noch mehr Wörter mit stummem h oder hörbarem h.
Ordne in die richtige Spalte.

ehrlich, froh, geschehen, die Gefahr, sehen,
der Hahn, die Kuh, mehr, fliehen, ziehen, stehen,
ruhen, glühen, Lehm, zahm

hörbares h	stummes h

(7) Bilde sinnvolle Fragen und entscheide: war oder wahr?

das Ist war/wahr

_____

_____

wirklich das War/Wahr so

_____

_____

Traum ein war/wahr Wurde ihn für

_____

_____

von Geschichten alle Opa war/wahr Sind

_____

_____

ähnlich

gefährlich

hohl

die Höhle

ihm

ihn

ungefähr

wahr

der Zahn

(8) In welche Wörter musst du ein stummes h einfügen? Ergänze die Lücken. Lass die anderen Lücken frei.

Wenn du deine Zä___ne nicht pfle___gst und dich

ungesund ernä___rst, dro___t die Gefa___r von

Ka___ries. E___rlich wa___r: In einen ho___len Za___n

können Bakterien bis in die Za___nhö___le vordringen

und ins Blu___t gelangen. Gehe ungefä___r zweimal

im Ja___r zum Za___narzt – vor i___m brauchst du

keine Angst haben.

9 ihn/in oder ihm/im?
Setze richtig ein.
Markiere ihn/ihm gelb
und in/im grün.

Ihnen, ihn, ihm, ihr sind
Personalpronomen.
Sie stehen für Nomen.

Carlos ist _____ Hallenbad. Ich entdecke _____, als er gerade

_____ Nichtschwimmerbecken planscht. Schnell laufe ich zu

_____ und klettere _____ das Becken. Wir planschen _____

Wasser. Dann winkt _____ sein Papa vom Rand aus zu.

Carlos läuft zu _____. Sein Vater trocknet _____ ab, dann

verschwinden beide _____ der Umkleidekabine. Zum Duschen

hat _____ seine Mutter Handtücher und Seife _____ die

Tasche gepackt.

10 Diktattext. Wie willst du heute üben?
Umkreise: 🖊, 𝒜ₐ, 〰, 👄, 👫, 👤.
Die Diktatformen sind auf Seite 2 erklärt.

Claudia hat Zahnweh. Ihr Vater meint mitfühlend:
„Wir müssen zum Zahnarzt. Der hat mir neulich
auch geholfen, als ich ähnliche Schmerzen hatte."
Vor der Zahnarztpraxis will Claudia am liebsten wieder
umkehren. Doch ihr Vater beruhigt sie und führt sie durch
die Eingangstür zur Anmeldung.
Nach ungefähr zehn Minuten ist Claudia an der Reihe.
Der Arzt hilft ihr auf den großen Stuhl. Nach der
Untersuchung meint er: „Ein Zahn hat ein Loch, da muss
ich bohren, bis der Zahn hohl ist. Dann fülle ich ihn
wieder und alles ist gut." Später erzählt Claudia:
„Ehrlich, so schlimm war es gar nicht."

(99 Wörter)

Hundeschule

„Trixi, du bist ein extrem braver Hund",
sagt Alex und streichelt ihr liebevoll das Köpfchen.
„Wenn du heute lernst, links und rechts zu
unterscheiden, dann habe ich einen Keks extra für
dich. Siehst du? Links ist der Fuchsbau. Rechts liegt
die Axt. So, jetzt lauf ganz fix nach links!"
Richtig gemacht! Trixi läuft zum Fuchsbau und
bekommt ihre Belohnung. Vor Freude dreht sie sich
um die eigene Achse.
„Jetzt üben wir die Zahlen. Bring mir doch mal
schnell sechs große Büchsen Lachs. Aber
verwechsle nicht wieder Lachs mit Hundefutter!
Ach so! Die Büchsen sind ja viel zu schwer für so
ein kleines Hündchen." (104 Wörter)

die Achse

die Axt

extra

extrem

der Fuchs

der Keks

das Lexiko

links

rechts

sechs

wachsen

wechseln

1 Schreibe den Text ab. Tipps zum Abschreiben
findest du auf Seite 2.

2 Suche im Text alle Wörter mit chs, x und ks und
trage sie in die richtigen Zeilen ein.

chs: _____

_____

x: _____

_____

ks: _____

3 Lies die Wörter aus Aufgabe 2 laut und höre auf
chs, x und ks. Was stellst du fest?

_____

4 Rätsel: Setze chs, x oder ks ein und kreuze das richtige Wort an.
Benutze das Wörterbuch, wenn du nicht sicher bist.

Welches Tier passt zur Kuh?

☐ der La___   ☐ der O___e   ☐ der Da___   ☐ der Fu___

Was sagt der verliebte ___aver zur angebeteten Ale___andra?

☐ Du stin___t!   ☐ Du bist e___trem hübsch.   ☐ Du hin___t ja!

Wer kämpft in einem Bo___kampf?

☐ der starke Ale___   ☐ das Hündchen Tri___i

Was wä___t im Gewä___haus?

☐ eine A___t   ☐ ein Le___ikon   ☐ se___ Salatköpfe

5 Diktattext. Wie willst du heute üben?
Umkreise: ✏, Aa, ∽, 👄, 👫, 👤.
Die Diktatformen sind auf Seite 2 erklärt.

Mitten im Wald, wo die Fichten ganz dicht wachsen, steht ein mit bunten Keksen verziertes Hexenhaus. Fuchs und Dachs schleichen herbei und umrunden eine Axt, die neben einem schief gewachsenen Baum liegt. „Gehst du links herum, dann gehe ich rechts", flüstert der Dachs dem Fuchs extra leise zu. Der Fuchs lugt durch eines der sechs zugewachsenen Fenster. „Erschrick nicht, da sitzt die Hexe mit ihrem Zauberlexikon am Tisch! Links neben ihr siehst du ihren krächzenden Raben", warnt er den Dachs. Sie wechseln kurz einen Blick, dann schnappt sich jeder fix einen Keks und verschwindet wieder im Wald.

(97 Wörter)

Das kleine Ferkel Valentin

Das kleine Ferkel Valentin ist ein echtes Schlitzohr.
Ständig versteckt es die Sachen seiner Familie oder
geht seinen Geschwistern auf die Nerven. „Warum
kannst du nicht so brav sein wie deine Brüder?",
seufzt sein Vater verzweifelt. Aber seit November
ist alles anders. Valentins Eltern sind verwirrt.
„Ich verstehe nicht, warum er sich so verändert
hat", grübelt seine Mutter. „Vielleicht ist er krank?"
Valentin hat einen Strauß Veilchen gepflückt und in
eine Vase gesteckt. Jetzt schleicht er vorsichtig um
die Veranda herum. Dort sitzt das hübsche Ferkel
Veronika mit ihrem violetten Haarreif.
„Jetzt weiß ich, was mit ihm los ist!", ruft sein
Vater. „Valentin ist verliebt!" (109 Wörter)

1 Schreibe den Text ab. Tipps zum
Abschreiben findest du auf Seite 2.

2 Unterstreiche im Text alle Wörter mit V/v.
Markiere das V/v grün.

3 Lies die Wörter aus dem Wörterbaum laut.
Wie klingt das V/v?
Markiere alle V/v, die sich wie f anhören, rot.
Markiere alle V/v, die sich wie w anhören, grün.

Die Wörter mit V/v musst du dir
merken, weil das v kein eigener
Laut ist und sich mal wie f und
mal wie w anhört.

brav

der Nerv

der
November

die Vase

die
Veranda

verbieten

verlieren

verstecken

vielleicht

violett

vorne

vorsichtig

4 Welche Verben (Tunwörter) kannst du mit ver- bilden?
Verbinde und schreibe auf.

kaufen

klagen

lassen

bieten

 ver-

fragen

trinken

müssen

sagen

langen

stimmen

_____

_____

5 Bilde nun aus den Verben Nomen (Namenwörter) mit Ver-.

kaufen

trauen

stehen

 Ver-

hören

suchen

schließen

Verschluss, _____

_____

6 Diktattext. Wie willst du heute üben?
Umkreise: ✏️, Aɑ, ‿, 👄, 👫, 🧑.
Die Diktatformen sind auf Seite 2 erklärt.

Verena ist sauer.
„Meine Mutter verbietet mir von November bis Februar,
ohne Mütze aus dem Haus zu gehen. Das sind vier
Monate, in denen ich dieses blöde Ding ständig tragen
muss. Das nervt voll! Die Mütze ist violett und rosa
gestreift und hat außerdem einen doofen Vogel vorne
drauf. Könnt ihr euch das vielleicht vorstellen? Ich habe
schon überlegt, sie einfach einmal zu verlieren oder
sie irgendwo zu verstecken. Doch ich bin sicher, meine
Mutter findet das hässliche Teil wieder. Aber da fällt mir
etwas ein: Ich könnte mir doch zu Weihnachten eine neue
Mütze wünschen. Was meint ihr?"   (99 Wörter)

Im Internet

Meine Eltern schimpfen immer, wenn
ich den Computer oder meinen Laptop anschalte.
Sie denken, dass ich sinnlos im Internet surfe. Doch
das stimmt nicht.
Es gibt Internetseiten für Kinder, auf denen man
viele interessante Dinge lesen kann. Gestern habe
ich erfahren, dass Wörter wie Pyramide, Moschee,
Theater oder Zirkus aus den Sprachen der Länder
stammen, in denen diese Bauwerke erfunden
wurden. Die Architekten haben diese Begriffe dann
übernommen. „Moschee" stammt zum Beispiel aus
dem Arabischen.
Natürlich mache ich auch mal Spiele. Oder ich
schaue mir Comics an und verschicke E-Mails. Aber
meistens informiere ich mich über Sachen, die mich
interessieren.

(102 Wörter)

1. Schreibe den Text ab. Tipps zum Abschreiben
findest du auf Seite 2.

2. Schreibe mindestens acht Fremdwörter auf,
die du im Text findest.

die
Architektur

der Comic

die E-Mail

das Hand

interessan

das Interne

der Laptop

die Mosche

die Pyrami

surfen

das
Theater

der
Zirkus

3 Setze die Wörter aus dem Wörterbaum sinnvoll ein.

Muslime gehen in die _____, um zu beten.

Im _____ sieht man Seilkünstler und

Löwenbändiger.

Am Samstag habe ich eine Vorstellung im _____

besucht.

Wenn man Informationen braucht, kann man im

_____ nachschauen.

Viele Kinder finden Tierfilme sehr _____.

Die Kunst, Bauwerke zu errichten, nennt man

_____.

Mit einem Surfbrett kann ich auf dem Wasser _____.

__-_____ kann ich am Computer schreiben und

verschicken.

Zum Geburtstag habe ich ein eigenes _____ geschenkt

bekommen.

4 Schreibe die richtigen Wörter zu den Bildern.

_____   _____

_____   _____

_____   _____

5 Kreuzworträtsel. Trage die richtigen Antworten in Großbuchstaben ein.

1) Säugling
2) kann ein Namenwort ersetzen
3) tritt im Zirkus auf
4) Messgerät für Temperatur
5) Begleiter eines Namenwortes
6) Einheit unter einem Euro
7) Namenwort
8) Wiewort
9) elektronisches Arbeitsgerät
10) Form mit vier gleichen Seiten
11) Tunwort

das Adjektiv

der Arti

das Baby

der Ce

der Clown

informieren

das Nomer

das Pronomen

der Quade

das Quadra

das Radio

das Verb

Lösungswort: _____

6 Suche zu den angegebenen Oberbegriffen mindestens zwei passende Wörter aus den Wörterbäumen auf dieser und der vorhergehenden Seite.

Gebäude: _____

_____

Technik: _____

Grammatik: _____

_____

Geometrie: _____

Menschen: _____

7 Diktattext. Wie willst du heute üben?
Umkreise: ✏️, Aa, 〰️, 👄, 👥, 🪶.
Die Diktatformen sind auf Seite 2 erklärt.

Unser Opa fragt immer nach, wenn wir Fremdwörter benutzen. Er weiß natürlich, was ein Baby oder ein Clown ist. Auch Wörter wie Radio, Quadrat, Theater und Spagetti benutzt er.
Doch als sich Anna neulich einen Laptop wünschte, wusste Opa nicht, wovon sie sprach. „Das Wort Laptop kommt vom englischen Wort ‚lap' – der Schoß. Das ist also ein Computer, den man auf dem Schoß halten kann", erklärte Anna.
Wir zeigten Opa, was man im Internet alles machen kann. Er fand viele Dinge interessant. Besonders begeistert war er von E-Mails, weil man damit nicht mehr wegen jeder Kleinigkeit zur Post rennen muss.   (100 Wörter)

Die Übernachtung

Meine Eltern gehen samstags immer aus.
Meistens bin ich dann allein zu Hause.
Aber an diesem Samstagabend sind meine
Freundinnen Gesine und Svenja da. Sie kommen
schon am Nachmittag und bleiben über Nacht
bei mir. Zuerst wollen wir „Stadt, Land, Fluss"
spielen. Gestern habe ich eine DVD von den „Fünf
Freunden" bekommen. Die werden wir uns abends
anschauen.
Wir wollen nachts nicht schlafen. Wir wollen uns
die ganze Nacht im Bett unterhalten. Ich freue mich
schon sehr auf den Abend!
Gesine wird morgen schon mittags abgeholt, Svenja
bleibt sogar bis zum Nachmittag.   (94 Wörter)

der Abend

abends

gestern

der Morg

morgen

morgens

der
Nachmittag

nachmittag

die Nacht

nachts

① Du findest im Text verschiedene
Ausdrücke, in denen ein Tag, eine
Tageszeit oder eine Zeitangabe
(heute, morgen, …) vorkommt.
Suche und markiere sie (12).

Regel 1: Wochen-
tage (Montag,
Dienstag, …) und
genau benannte
Tageszeiten (der
Abend, der Morgen,
die Mittagszeit)
werden groß-
geschrieben.

Regel 2: Wochen-
tage und Tages-
zeiten, an die
ein -s angehängt
wird, werden
kleingeschrieben
(montags, diens-
tags, morgens,
mittags ...).

② Forme die Tageszeit um.
Achte auf die Groß- und
Kleinschreibung.

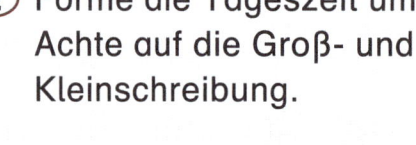

morgens _____ – am Morgen

_____ – am Abend

_____ – in der Nacht

mittags _____ – _____

_____ – am Sonntag

3 Morgen oder morgen? Entscheide, wann du groß- oder kleinschreiben musst.

Der Tag heute begann mit einem sonnigen

_____ . Ich machte mich

gleich auf den Weg ins Freibad.

Wenn es _____ regnen sollte,

gehe ich ins Kino. Dann muss ich aber am

_____ beim Frühstück noch ins

Kinoprogramm schauen.

Sollte es aber _____ schön sein, packe ich wieder

meine Schwimmsachen zusammen. Denn wie sagt man so

schön: _____stund' hat Gold im Mund.

Regel 3:
Meinst du mit „morgen" den nächsten Tag, schreibst du „morgen" klein.

4 Diktattext. Wie willst du heute üben?
Umkreise: 🖊, 𝐴𝑎, 〰, 👄, 👥, 🧑.
Die Diktatformen sind auf Seite 2 erklärt.

Letzten Samstag hatte mein kleiner Bruder Ludwig Geburtstag. Er war total nervös! Am Dienstag zählte er seine sieben Freunde auf, die er eingeladen hatte. Bereits mittwochs sollte meine Mutter den Kuchen backen. Am Freitag aber kam der Höhepunkt: Er wollte den ganzen Vormittag nicht in die Schule gehen, um zu Hause schon alles vorzubereiten. Mama meinte: „Es reicht, wenn wir das abends und am Samstagmorgen machen." Bis spät in der Nacht war er wach und dann kam er morgens um fünf Uhr zu mir ins Bett gekrochen. „Herzlichen Glückwunsch, lieber Ludwig", flüsterte ich ihm ins Ohr.

(96 Wörter)

Die Verabredung

Robert: Was machst du heute Abend?

David: Nichts Tolles, vielleicht schaue ich fern.

Robert: David, das ewige Glotzen ist ungesund! Komm lieber zu mir zum Spielen. Außerdem habe ich viel Süßes zum Geburtstag bekommen.

David: Und das ist nichts Ungesundes? Na ja, meine Mama erlaubt mir nicht, im Dunkeln nach Hause zu gehen.

Robert: Dann bleib doch gleich über Nacht! Vielleicht darfst du ja?

David: Gute Idee! Das ist kein Problem. Ich bin gut im Überreden.

Eine Minute später.

David: Es klappt! Ich darf zu dir zum Übernachten kommen. Ob wir überhaupt zum Schlafen kommen werden? Du weißt ja, ich bin der Meister im Aufbleiben.

(107 Wörter)

① Schreibe ab, was David sagt.
Tipps zum Abschreiben findest du auf Seite 2.

> Die Wörter alles, etwas, viel und nichts verwandeln Adjektive in Nomen.

② In den folgenden Sätzen findest du viele Adjektive (Wiewörter), aus denen Nomen (Namenwörter) geworden sind.
Unterstreiche diese Nomen und schreibe sie wie im Beispiel auf.

Ich habe heute *nichts* Tolles gemacht.   toll – nichts Tolles

Auf der Party gibt es *viel* Süßes.   _____

Ein Quadrat hat *nichts* Rundes.   _____

Hast du *etwas* Neues gehört?   _____

Alles Gute kommt von oben.   _____

3 Ergänze die Sätze mit den angegebenen Adjektiven.
Unterstreiche die Wörter, die aus Adjektiven Nomen machen.

Ich wünsche dir zum Geburtstag alles _____ und

_____. (lieb, gut)

Ich muss dir etwas _____ erzählen. (schön)

Hoffentlich erlebst du auf der Party viel _____!

(lustig)

Wenn ich etwas _____ höre, kommen mir die

Tränen. (traurig)

In der Schule gibt es nichts _____. (neu)

Hast du alles _____ aufgeschrieben? (wichtig)

Im Urlaub haben wir viel _____ erlebt. (aufregend)

> Artikel machen aus Adjektiven Nomen.
> Das gilt auch für verschmolzene Wörter, z. B.
> vom (= von **dem**), zum (= zu **dem**) oder im (= in **dem**).

?! **4** Forme die Sätze um. Mache aus den Adjektiven
mithilfe von Artikeln oder „im" Nomen.

Wenn es dunkel ist, habe ich Angst.

Im Dunkeln habe ich Angst. _____

Wenn es hell ist, braucht man kein elektrisches Licht.

_____

_____

Schön sind die Pausen.

_____

_____

Gut und böse ist nicht immer leicht zu trennen.

_____

_____

5 Unterstreiche in jeder Zeile das großgeschriebene Verb (Tunwort).
Umkreise dann das Wort, das zur Großschreibung führt.

David ist gut (im) <u>Überreden</u>.

Das ewige Glotzen ist ungesund.

David kommt zum Übernachten.

Robert kann gut rechnen, aber das Schreiben fällt ihm schwer.

Papa kocht gern, aber das Putzen mag er gar nicht.

Mama arbeitet im Büro, vom Lesen am Bildschirm tun ihr

die Augen weh.

Was höre ich da? Das ist ein lautes Klopfen.

Was machst du denn da? Das ist ja zum Lachen!

6 Entscheide: Klein- oder Großschreibung? Streiche das falsch geschriebene Wort durch.
Vergleiche mit der Lösung und schreibe die Sätze als Würfeldiktat. Das Würfeldiktat ist auf Seite 2 erklärt.

Tom geht gerne schwimmen / Schwimmen.

Das lesen / Lesen von längeren Texten fällt mir schwer.

Heute ist den ganzen Tag über nichts spannendes / Spannendes passiert.

Die Kinder dürfen nicht auf dem Rasen spielen / Spielen.

Gestern hat Laura in der Schule etwas eigenartiges / Eigenartiges beobachtet.

Hast du heute viel neues / Neues gelernt?

7 Verwandle die markierten Nomen (Namenwörter) in Verben zurück.

Das Aufschreiben von Hausaufgaben ...

<u>Hausaufgaben aufschreiben</u>

Das Aufstehen am Morgen ...

_____

Das Wickeln von Säuglingen ...

_____

Das Singen von Liedern ...

_____

So hört es sich doch eigentlich besser an!

8 Diktattext. Wie willst du heute üben?
Umkreise: 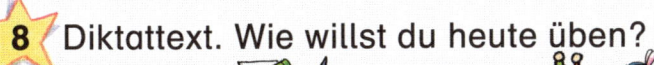.
Die Diktatformen sind auf Seite 2 erklärt.

Die Schule macht Paul gar keinen Spaß.
Ganz schlimm ist für ihn das Aufschreiben der
Hausaufgaben am Ende des Unterrichts. Dabei denkt er
sofort daran, wie ihm das Rechnen und das Schreiben
am Nachmittag wieder die ganze Freizeit verderben
werden. „Es kann nichts Gutes bei dieser ewigen
Schreiberei herauskommen", denkt Paul sich jeden Tag.
Viel mehr Freude würde ihm das Spielen mit seinen
Freunden machen.
„Beeil dich!", ruft Michael durch das Fenster. „Ich
warte schon auf dich." Da kommt Bewegung in die
Sache. Endlich etwas Schönes! Paul rechnet schnell
seine Malaufgaben fertig und klappt das Heft zu.

(97 Wörter)

Mein Referat

Als meine Lehrerin neulich sagte, dass ich ein Referat über mein Bundesland halten solle, habe ich mich zu Hause sofort an die Arbeit gemacht. Praktisch war, dass ich dafür meinen Computer und das Internet benutzen konnte und nicht extra mit dem Bus zur Bücherei fahren musste. Ich habe erfahren, dass wir ein interessantes Wappen haben, dass es noch 15 andere Bundesländer gibt und dass ich in der Hauptstadt meines Bundeslandes lebe. Toll, dass ich viele Bilder gefunden habe, die ich ausdrucken konnte. Damit habe ich ein Plakat gestaltet, das gut zu meinem Vortrag passte. Meine Mitschüler sagten mir, dass das Referat super war. *(105 Wörter)*

> das oder dass?
> **Das** findest
> du mit der
> Ersatzprobe
> schnell heraus!

Mit der Ersatzprobe kannst du das und dass unterscheiden: Für ‚das‘ kannst du ‚dieses‘ oder ‚welches‘ einsetzen. Für ‚dass‘ geht das nicht. Beispiele:

Das Spiel finde ich toll. → Dieses Spiel finde ich toll.

Ich weiß, dass es dir Spaß macht. → ‚dass‘ kann ich nicht durch ‚dieses‘ oder ‚welches‘ ersetzen.

① Jetzt kannst du selbst ausprobieren.
Mache die Ersatzprobe mit ‚dieses‘ oder ‚welches‘ und fülle die Lücken mit das (3) oder dass (2).

_____ Referat war interessant. Besonders gut fand

ich, _____ du ein Plakat gemacht hast.

_____ Buch, über _____ du gesprochen hast, finde

ich spannend. Ich meine aber, _____ du in einem

Referat etwas freier sprechen solltest.

das

dass

2 Kreuze diejenigen Sätze an, in denen das und dass richtig verwendet wird (3) und berichtige, wenn nötig (3).

Ich finde, das die Ferien immer viel zu kurz sind. ☐

Das Referat lief heute richtig gut. ☐

Besonders toll fanden die Schüler, dass sie am Computer arbeiten durften. ☐

Ich freue mich schon auf dass Wochenende. ☐

Hast du das Rätsel schon gelöst? ☐

Das sie nicht auf dem Rasen spielen dürfen, ärgert die Kinder. ☐

3 Kontrolliere die Sätze aus Aufgabe 2 mit der Lösung.
Schreibe dann die Sätze als Würfeldiktat.
Das Würfeldiktat ist auf Seite 2 erklärt.

4 Diktattext. Wie willst du heute üben?
Umkreise: 📝, Aa, 〰, 👄, 👫, 🧑.
Die Diktatformen sind auf Seite 2 erklärt.

Die Lehrerin der 4. Klasse macht einen Vorschlag:
„Ich finde, dass wir am Ende des Schuljahres einen
Ausflug machen könnten." Die Kinder jubeln. „Gehen wir
doch zelten, das haben wir noch nie gemacht", ruft Julia.
Stefan schlägt vor, dass man zum See wandern könnte.
„Dann wäre es schön, zu baden und am Ufer zu grillen.
Ich bitte meinen Vater, dass er uns mit dem Feuer hilft",
fällt Uli ein.
„Prima, er kann das Brennholz tragen", meint die
Lehrerin. Aufgeregt sprechen die Kinder über das tolle
Ereignis, das bald ansteht.
„Ich wette, dass ich nachts im Zelt Angst bekomme",
fügt Anne leise hinzu.

(102 Wörter)

Mit diesen Texten kannst du weiter üben, bis du ein echter
Diktat-Stars-Profi bist!

So kannst du üben: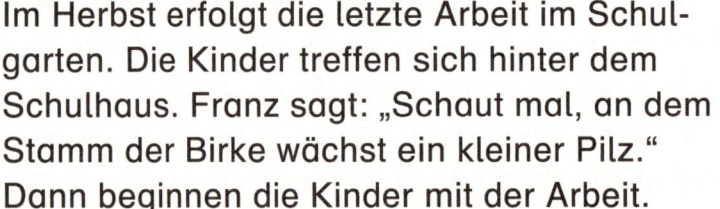

Der Schulgarten

Im Herbst erfolgt die letzte Arbeit im Schul-
garten. Die Kinder treffen sich hinter dem
Schulhaus. Franz sagt: „Schaut mal, an dem
Stamm der Birke wächst ein kleiner Pilz."
Dann beginnen die Kinder mit der Arbeit.

Zuerst befreien sie die Beete von verwelkten Blüten und
herabgefallenem Laub. Danach lockern sie die Erde mit einer
Harke und arbeiten Kompost ein.

Einige graben die kleinen Löcher, andere legen die
Blumenzwiebeln hinein und wieder andere füllen die Löcher
mit Erde. Schließlich sind die Kinder fertig. Nun freuen sich
die kleinen Gärtner auf das Frühjahr, um die Blumen in voller
Blüte bestaunen zu können. (101 Wörter)

Schulfest

Mitte März fand wieder das alljährliche Frühlingsfest statt.
Davor gab es viel zu tun. Die Klassenzimmer wurden geputzt,
Tänze und Musikstücke wurden fleißig geprobt und die Werk-
gruppe schmückte das ganze Schulhaus mit bunten Kränzen.

Endlich war der lang ersehnte Tag da. Schon eine Stunde
vor Beginn kamen die ersten Zuschauer und nahmen in der
Turnhalle Platz. Bald waren alle Stühle besetzt. Der Direktor
begrüßte die Zuschauer und führte durch das Programm.

Alles lief wie am Schnürchen und das Publikum klatschte begeistert Beifall. Am Ende sagte der Direktor: „Danke für Ihren
Applaus, das ist der beste Lohn für die Künstler." (101 Wörter)

Am Teich

Die Kinder der Klasse 4a machen einen Unterrichtsgang zum Teich. In ihrem Gepäck befinden sich: fünf Becherlupen, fünf kleine Eimer, zehn Kescher, zwei Bestimmungsbücher, Schreibblöcke und Stifte.

Am Teich hören sie schon die Frösche quaken. Mit Gummistiefeln steigen sie vorsichtig ins Wasser und füllen die Eimer. Im Wasser bewegen sich die Kinder ganz langsam und ruhig, damit die Frösche nicht erschrecken und weghüpfen.

Endlich ist Markus erfolgreich. In seinem Kescher befinden sich sieben Kaulquappen. Behutsam lässt er die Kaulquappen aus seinem Kescher in einen Eimer gleiten. Jetzt können alle die Tiere genau beobachten. Die Kaulquappen besitzen einen Ruderschwanz mit Flossensaum, der eine schnelle Fortbewegung im Wasser ermöglicht.

(109 Wörter)

Freunde

Klara wohnt in einem kleinen Haus auf dem Land, Simon in einem Mietshaus in der Stadtmitte. Sie treffen sich oft am Nachmittag, um entweder bei Klara oder bei Simon zu spielen.

In der Stadt gehen sie oft in den Park auf einen Spielplatz. Auf dem Land spielen sie draußen in der Natur. Dort finden sie genug Platz, um Verstecken oder Ball zu spielen oder sie fahren mit den Fahrrädern in den Wald an einen See.

Im Sommer können sie baden und im Winter, wenn es kalt genug ist, Schlittschuh fahren. Aber es ist ganz gleich was sie tun, zusammen haben sie immer viel Spaß.

(105 Wörter)

Der Wasserkreislauf

Durch die Wärme der Sonne verdunstet auf der Erde Wasser. Dabei verlassen winzige Wasserteilchen die Wasseroberfläche. Das ist der Wasserdampf. Wasserdampf besteht also aus vielen unsichtbaren Teilchen.

Diese kleinen Wasserteilchen steigen mit der warmen Luft nach oben. Je wärmer die Luft ist, umso mehr Wasserteilchen können aufsteigen. Oben kühlen die Luftmassen ab und die Wasserteilchen verdichten sich wieder. An den Staubteilchen in der Luft bildet sich der Dampf zurück zu Wassertröpfchen.

Unzählige dieser Tröpfchen bilden eine Wolke. Kühlt die Luft noch mehr ab, so rücken die Teilchen noch dichter zusammen. Bald sind sie zu schwer, um in der Luft zu schweben. Es fängt an zu regnen. (108 Wörter)

Feueralarm

Laura und Tom sitzen in der Schule und rechnen. Plötzlich ertönt der Feueralarm. Sofort lassen die Kinder alles stehen und liegen und stellen sich in einer Zweierreihe an. Zwei Kinder überprüfen, ob alle Fenster geschlossen sind. Die Lehrerin schaltet das Licht ein, dann führt sie die Klasse hinaus auf den Gang.
Die letzten beiden Kinder schließen die Klassenzimmertüren.

Nun müssen die Schüler durch den Hauptausgang auf den Pausenhof. Sie haben den Fluchtweg gut geübt, deshalb erreichen sie schnell ihren zugewiesenen Platz.

Nachdem alle das Schulhaus verlassen haben, ertönt eine Durchsage des Rektors: „Das war nur ein Probealarm, aber ihr habt es toll gemacht." (104 Wörter)

Auf dem Tennisplatz

Meine ganze Familie hat ein besonderes Hobby:
Wir spielen alle leidenschaftlich gern Tennis.
Ich habe erst vor einem Jahr damit begonnen.

Jeden Dienstagnachmittag habe ich mit meinen Freunden
eine Stunde lang Training. Dann üben wir Vorhand und
Rückhand. Besonders viel Spaß macht mir der Aufschlag.
Da versuche ich den Ball so über das Netz zu donnern,
dass ihn mein Gegner gar nicht erwischen kann.

Am Samstag kommen meine Eltern mit auf den Tennisplatz.
Mein Papa übt mit mir und Mama mit meiner Schwester
Maria. Manchmal spielen wir danach noch ein Doppel.
Papa und ich gewinnen meistens haushoch. (100 Wörter)

Beim Einkaufen

Mama hatte versprochen, mit mir einen Einkaufsbummel zu machen.
Nach dem Frühstück marschierten wir los. Gleich im ersten
Geschäft entdeckte ich eine knallrote Sonnenbrille und Mama
probierte grüne Sandalen.

Da sah ich plötzlich ein klasse T-Shirt mit der englischen
Flagge auf dem Rücken. „Zieh es erst einmal an", riet mir
meine Mutter, „damit wir wissen, ob es dir überhaupt passt."
Ich verschwand in der Umkleidekabine. Leider war es viel zu
eng und zwickte. Wir machten uns weiter auf die Suche und
wurden schließlich fündig.

Erschöpft aber glücklich und mit vielen Tüten bepackt, ließen
wir uns am Ende des Tages in die Stühle einer Eisdiele
fallen. (107 Wörter)

Hinter der Neubausiedlung

Heute radle ich mit meinen Freunden gleich nach der Schule auf das große Gelände hinter der Neubausiedlung. Dort kann man zum Beispiel Fußball spielen oder mit den Rädern über Erdhügel und Kiesberge brettern.

Morgen wollen wir beginnen, eine Hütte zu bauen, in der wir uns immer wieder treffen können. Wir haben schon einige Tage lang Äste und Bretter gesammelt. Vielleicht gründen wir auch eine Bande.

Max hat aus der Werkzeugkiste seines Vaters heimlich einen Hammer, eine Säge und eine Schachtel mit langen Nägeln verschwinden lassen. Hoffentlich gelingt es uns. Wir wollen es nämlich ganz alleine schaffen, ohne Eltern.

(101 Wörter)

In der Molkerei

Wie wird eigentlich Joghurt (Jogurt) gemacht? Um diese Frage zu beantworten, besucht Eva heute mit ihrer Klasse eine Molkerei. Draußen kann man sehen, wie große Kühlwagen die frische Milch anliefern.

Im Molkereigebäude wird die Milch zuerst in großen Behältern kurz auf 90 Grad erhitzt, um Keime abzutöten. Dann lässt man sie auf 44 Grad abkühlen und gibt Bakterien dazu. Nun muss die Milch ungefähr acht Stunden bei gleichbleibender Wärme ruhen. Dann ist der Joghurt fertig, wird in Becher abgefüllt und verkauft.

Eva schreibt fleißig jeden Produktionsschritt auf. Die Kinder dürfen noch Joghurt probieren. Eva schmeckt der mit den Erdbeeren am besten.

(104 Wörter)

Eis essen mit Oma

Heute wollen Oma und ich ein Eis essen gehen. Die Eisdiele ist nicht weit entfernt und so machen wir uns zu Fuß auf den Weg.

Ich freue mich schon auf ein Nusseis mit Schokosoße! Oma hat für meine Ungeduld Verständnis und lässt mich zur Eisdiele vorlaufen. Sie kommt gemütlich hinter mir her. Wir begrüßen Mario, den Eismann, und setzen uns an einen schönen Platz direkt am Fenster.

Oma bestellt mir ein Glas Orangensaft und den Nussbecher. Ich weiß genau, was Oma will: Sie liebt den „Mario-Spezial-Becher". Was genau drin ist, bleibt Marios Geheimnis.

(97 Wörter)

Sommergewitter

Draußen ziehen dunkle Wolken auf. Wie riesige Schwebemonster sehen sie aus, die einen Schiebekampf am Himmel austragen. Mama bringt vorausschauend die Wäsche in Sicherheit.

Da geht es auch schon los. Schwere Tropfen prasseln mit lautem Platschen auf die Erde. Wir drücken unsere Nasen an den Fensterscheiben platt und beobachten aufgeregt, wie sich Bäume und Sträucher im Sturm biegen. Plötzlich bricht ein gewaltiger Blitz durch die Wolkenwand und schlägt mit lautem Knall in der Nachbarschaft ein.

Schnell zählen wir die Sekunden, bis der Donner zu hören ist. Das Gewitter ist direkt über uns. Zum Glück zieht es aber genauso schnell fort, wie es gekommen ist. Draußen ist die Luft jetzt angenehm frisch und klar.

(114 Wörter)

Ferien

Letztes Jahr sind wir in den Ferien nach Gran Canaria geflogen. Vom Flughafen fuhren wir mit einem Kleinbus zum Hotel. Dort meldeten wir uns an der Rezeption an und wurden zu unseren Zimmern geführt.
Die schweren Koffer kamen auf einen Rollwagen.

Mein Bruder und ich machten große Augen, als wir unsere Unterkunft genauer erkundeten. Draußen gab es mehrere Schwimmbecken. Eins war weniger tief und nur für Kinder.

Für die Erwachsenen gab es viele Sonnenliegen und einen extra Ruhebereich. „Springen verboten" stand da auf einem Schild. Das machte uns aber nichts aus, denn wir entdeckten schnell den Spielplatz mit der Kinderbetreuung. Dort haben wir den ganzen Urlaub über gespielt.   (109 Wörter)

Im Zoo

Am Freitag macht Lotte mit ihrer Familie einen Ausflug in den Zoo. „So etwas Langweiliges", mault Lotte. Viel lieber würde sie ins Schwimmbad gehen. Aber alles Jammern und Klagen hilft nichts.

Gleich morgens in der Früh fahren sie los. Im Zoo angekommen, laufen ihre Brüder zu den Elefanten. Lotte besucht lieber die Affen. Bei denen ist doch immer am meisten los.

Lotte schaut ihnen den ganzen Tag beim Spielen, beim Streiten und beim Essen zu. Sie ist richtig traurig, als sie abends wieder nach Hause fahren. „Na Lotte, willst du nächsten Freitag wieder in den Zoo fahren?", fragt ihre Mutter. „Nein", antwortet Lotte. „Aber ich will einen Affen haben."

(111 Wörter)